ÉLOGE

DU PAPE

CLÉMENT XIV.

ÉLOGE

DU SOUVERAIN PONTIFE
CLÉMENT XIV.
GANGANELLI,

MINEUR CONVENTUEL;

TRADUCTION LIBRE DE L'ITALIEN,

SUR LA SECONDE ÉDITION,

Par le R. P. Jean-Pierre Lieutaud, Père de Province de l'Ordre des Frères Mineurs Conventuels, & Docteur Aggrégé en la Faculté de Théologie de l'Université d'Avignon.

Mendacés ostendit qui maculaverunt illum.

Il a convaincu d'imposture ceux qui l'ont diffamé. *Sag.* 10. 12.

A ROME;
& se trouve
A PARIS,

Chez LOTTIN le jeune, Libraire, rue S.-Jacques, vis-à-vis celle de la Parcheminerie.

M. DCC. LXXXI.

L'AUTEUR
AU LECTEUR.

L'ÉLOGE du grand Ganganelli que je donne au Public, n'est pas un de ces Discours bassement flatteurs, qui déshonorent tout-à-la fois l'Auteur & le personnage qu'il veut rendre recommandable; je n'ai écouté d'autre voix en le composant, que celle de la vérité & de la justice. Louangeur fastidieux, aurois-je voulu faire la dernière des injures aux cendres d'un Héros, qui fut toujours l'implacable ennemi de la flatterie, & qui mit toute son étude à devenir vertueux par le seul plaisir de l'être ? A quoi

bon employer des couleurs étrangères dans un tableau qui ne présente que grandeur d'âme, qu'uni-
versalité de talens, que parfait
héroïsme; où l'on n'admire qu'a-
ctions éclatantes, qu'événemens
dignes d'une gloire sans bornes;
où tout est prodige d'activité, d'intrépidité & de vertu?

Le monde impartial qui, pendant l'espace de cinq années, a ob-
servé avec un égal étonnement, &
la dextérité de Clément XIV. à
manier les affaires les plus épineuses, & les réglemens, vrai chef-
d'œuvre de sagesse, enfantés par
son zèle pour le bien de l'Eglise &
de son Etat, pourroit-il ne point
accueillir un ouvrage consacré à la

gloire d'un Pape qui a tant de
droits à sa reconnoissance ? N'est-il
pas juste que tous les gens de bien
s'empressent de célébrer ses vertus,
dans un temps où sa mémoire est
énormément insultée, & où l'on
fait les plus grands efforts pour la
couvrir d'infamie, par une infinité
d'écrits sacrilèges, fruit détestable
de la malice, de la haine & de l'envie ? Ce grand Homme, qui fut
choisi par les décrets éternels de la
providence, pour une des plus importantes œuvres qu'on connoisse ;
qui soutint avec le plus vif éclat
la dignité du Trône & de la Chaire
apostolique ; qui ne respira que pour
la félicité de l'Eglise & de son
Etat, ne trouveroit-il pas un ven-
geur de l'honnêteté si cruellement

outragée dans sa personne ? Si dans
ce siècle pervers on peut décréditer
impunément & la vertu & les
hommes vertueux ; qu'il soit aussi
permis de défendre l'innocence, de
déprimer l'impiété ; & tandis qu'on
prodigue les éloges les plus pom-
peux à ceux qui dans le grand
nombre de qualités obscures, lais-
sent à peine entrevoir quelques foibles rayons d'actions louables, ne
refusons pas nos hommages à l'immortel Ganganelli, qui ne fit jamais rien que de grand & d'héroïque. On sait que l'amour de l'humanité deviendra bientôt si odieux,
qu'il suffira de se consacrer au bien
public & particulier pour déplaire
aux hommes, & s'attirer de leur
part une aversion & une haine

implacable. Clément nous fournit une preuve incontestable de cette vérité; mais il semble que le ciel prenne plaisir à accroître sa gloire, à proportion des horribles imprécations que lui donnent les impies; & c'est par-là sur-tout, que ce vrai imitateur de son divin Maître devoit lui ressembler.

Le désir de donner un nouveau lustre aux vertus de Clément, fortifié par les pressantes sollicitations des personnes qui me flattoient de pouvoir contribuer à ce grand but, m'a engagé à mettre au jour cet Eloge, que je n'ai composé dans ma solitude, à mes heures de loisir, que comme un agréable délassement de mes travaux d'esprit. Va-t-en,

ai-je dit alors à mon Ecrit infortuné ; & portant avec toi le caractère de la vérité, sois au moins
aussi heureux, que ceux qui, char-
gés de l'iniquité & de l'abomina-
tion de leurs auteurs, paroissent à
la face de l'univers, avec l'empreinte exécrable de l'impiété & de
la calomnie. Que les Nations étrangères ne disent plus à notre éternelle honte, que l'Italie n'est point
le pays de la vertu ; sois toi-même
un témoignage, qu'elle y est encore
en honneur, & que les Héros y
sont estimés ; apprends-leur, que la
réputation de celui que j'entreprends
de louer, ne souffrira jamais la
moindre atteinte des injures du
temps. J'ai répété ces paroles, &
aussi-tôt je me suis hazardé de sou-

mettre l'Eloge de Clément XIV
à la redoutable censure du monde
savant.

Pour vous, Mon cher Lecteur,
vous trouverez peut-être dans l'Ouvrage que je vous présente, plutôt
le Panégyrique de la vertu même,
que celui de Ganganelli. Mais si
vous considérez attentivement &
sans prévention l'analogie qui se
fait sentir entre la nature de la
vertu & les belles actions de Clément XIV, vous serez dans l'heureuse nécessité de leur partager également votre admiration. Lisez
donc cet Eloge, & songez qu'en
rendant hommage à la vertu,
vous révérez le Héros sa fidelle
copie.

Avertiſſement du Traducteur.

Il manquoit à l'édition qu'a donné Mr de Caraccioli, des lettres (*) & autres pièces intéreſſantes de Clément XIV. un éloge

(*) Les Savans ſont preſque généralement perſuadés aujourd'hui, que M. de Caraccioli a inféré quelques Lettres & Pièces, dont il a voulu faire honneur à Ganganelli. Pour peu qu'on les examine de près, on s'apperçoit aiſément, qu'il lui prête des ſentimens qui ſont abſolument étrangers à un Religieux, à un Théologien Italien, à un Chef de l'Egliſe. Mais quoiqu'en puiſſent penſer les Partiſans de la Société ſupprimée par Clément XIV.; & nommément l'Auteur de la (feinte) apologie de ce Pape, & celui du Tartufe épiſtolaire démaſqué; les perſonnes impartiales regarderont toujours la plus grande partie des Lettres, contenues dans le Recueil de M. de Caraccioli, comme le fruit de la plume de Ganganelli. Quelqu'un de ceux à qui ces Lettres furent écrites, a-t-il jamais réclamé contre leur pré-

de ce grand Pape, fait de main de maître. On trouve bien dans ce recueil, l'Oraison Funèbre de Clément, composée par l'ex-Jésuite, Bavarois Mattzell ; mais ce Discours remarquable par une manière

---

tendue supposition ? Il est très-sur que des Religieux de mon Ordre, ont fourni à M. de Caraccioli plusieurs Lettres de Clément XIV. Qui oseroit contester à ce Pape, celles qu'il adressa au Roi de France, à Madame Louise, Carmélite, & au Duc de Parme ? Qu'on ne pense pas avec le Journaliste des Savans, que les Bulles & les Brefs des Papes font des ouvrages purement de style qu'ils composent rarement. Cette assertion est vraie pour ce qui concerne les Bulles & les Brefs de la Pénitencerie, en matière Bénéficiale & de Dispenses ; mais elle est absolument fausse, relativement aux Bulles & Brefs, qui traitent des affaires qui demandent une attention toute particulière : tels font le Bref de Clément XIV., portant supression des Jésuites, & ceux qu'il écrivit au Duc de Parme, & au Roi de France.

naïve, qu'on n'avoit pas lieu d'at-
tendre de la part d'un membre
d'une Compagnie abolie par Clé-
ment XIV. n'annonce point l'E-
crivain diflingué par ces deux
grandes qualités de l'Orateur, l'har-

Un Cardinal , auffi grand Evéque que
grand homme d'Etat, dont les ouvrages ,
école de bon goût , ont enchanté les Mufes
par la majeftueufe nobleffe d'expreffion & par
la gracieufe délicateffe de ftyle qui les diftin-
guent; le Cardinal de Bernis a reconnu l'authen-
ticité & le mérite des vraïes Lettres de Ganganelli par ces paroles émanées de fa bouche.
Il m'a femblé, à la lecture des plus intéreffantes
de ces Lettres , entendre encore parler ce grand
Pape , avec qui je vivois dans toute l'intimité
de fa confiance.

Mais fuppofons , pour un moment , que
toutes les Lettres attribuées à Ganganelli ,
foient une production de M. de Caraccioli,
auteur eftimable, comme moralifte, qui, n'en
déplaife à M. l'Abbé D. L. T. , a bien mérité
de la Religion & de l'état Religieux , & ne
fera jamais confondu, par les perfonnes équi-

monie de l'élocution & la chaleur du style. L'Eloge Italien de Ganganelli dont je donne au Public la traduction Françoise, a réuni tous les suffrages de l'Italie ; on en a déja fait deux éditions. Ainsi, tan-

tables, avec les incrédules de nos jours ; un génie aussi supérieur que Ganganelli, le Théologien (*) de Clément XIII., un Consulteur du Saint-Office, un Religieux, la lumière de son Ordre, qu'il gouverna long-temps par ses conseils, quoiqu'il ne voulut jamais être élevé au Généralat ; un Cardinal, qui, par ses talens s'étoit concilié la bienveillance & l'estime des Rois d'Espagne, de Portugal, & de tous les Princes de la Maison de Bourbon, n'étoit-il pas en état de composer des Lettres, qui égalassent en mérite litteraire & moral, celles qu'on veut qui paroissent sous son nom ? Qu'importe d'ailleurs à la gloire de Clément, qu'il en soit, ou n'en soit point l'auteur ? Il n'en fut pas moins grand Pape & grand Prince ; & ce bon

____

(*) On vient d'imprimer à Venise de savans traités de Théologie de Ganganelli.

dis que deux nations, l'Allemande
& l'Italienne, si fameuses par les
grands hommes qu'elles ont pro-
duits, s'empressent de rehausser par
leurs écrits les vertus de Clément;
la nôtre, qui ne céda jamais à
aucune autre, en quelque genre de
mérite que ce soit ; la nation Fran-
çoise, qui fut, si je puis m'expri-
mer de cette sorte, l'idole de Gan-
ganelli, se contentera-t-elle d'être
oisive admiratrice de cet illustre
Pontife ? N'encouragera-t-elle pas
plutôt par de justes récompenses

Cordelier, que son Apologiste, disons mieux,
son Critique suppose, avec autant de mali-
gnité que de fausseté, *inconnu jusqu'au temps*
que M. de Caraccioli fût éditeur de ses Lettres,
sera toujours recommandable aux yeux de la
postérité, par tout ce qu'il a fait pour le bien
de l'Eglise & de son Etat.

les héros de la belle littérature à célébrer ce digne ami du nom François ?

Pour moi, je n'ai entrepris de traduire son Eloge, que par le seul motif de l'espèce de gloire que je trouverois, à l'exemple de l'Auteur, à donner, s'il étoit possible, un nouveau dégré d'immortalité à un Pape, l'éternel honneur de l'espèce humaine, & particulièrement de mon Ordre.

Quoique je ne prenne ici que la qualité de Traducteur de cet Eloge, j'ose néanmoins avancer qu'il m'appartient en société avec l'Auteur anonyme, qui ne m'en a fourni que les premiers traits. J'ai eu soin

de le dégager de plusieurs répéti-
tions inutiles ou défectueuses, &
d'une foule de concetti si familiers
aux Italiens, infiniment estima-
bles d'ailleurs, par toutes les richesses de l'imagination. J'ai sup-
pléé en plusieurs endroits au défaut
de transitions & de liaisons dans
le style, & à bien des réflexions
que l'Auteur n'auroit pas dû taire.
Enfin, j'ai tâché de corriger une
redondance, un entortillage qui
l'embarrassoient, un certain ton
simplement narratif, peu assortis-
sant à un Eloge.

Cet Ouvrage, beaucoup plus
intéressant que la vie de Ganganelli, par Mr de Caraccioli, res-
pire un air de littérature étrangère,

qui ne sauroit manquer de plaire à nos amateurs. Je me croirai surabondamment récompensé des peines que j'ai prises pour faire ressortir les beautés de mon Original, s'ils daignent en agréer la Traduction.

IN OCCASIONE
CHE FU FATTA PER ORDINE
DEL SIG. DUCA
DI GLOCESTER
LA STATUA
DI CLEMENTE XIV.

SONETTO.

Ecco felice faſſo, ove un tuo figlio
Scolpì, o Britannia, con mirabil arte
L'Eroe, che unite le già rotte ſarte
Siede nocchier del Galileo Naviglio.

Vè come gli traſpirano dal ciglio
Le virtù, che acquiſtò ſu dotte carte
E quelle, che il ciel largo a lui comparte
Sublimi idee di magiſtral conſiglio.

Forſe la nave tua per l'onda infida
Or non andrebbe in ſentier dubbio e torto
Se aveva un tempo queſt Eroe per guida;

Ma V'è ſperanza ancora, a ſuo conforto
L'erranti vele al grand CLEMENTE affida,
Fugge le ingrate ſirti, e torna al porto.

TRADUCTION

d'un Sonnet Italien,

Fait à l'occasion de la Statue que le
Duc de Glocester fit ériger
à CLÉMENT XIV.

SONNET.

Voyez fils d'Albion, voyez ce marbre heureux;
Il est fier de montrer le portrait de ce Sage,
Qui du Vaisseau du Christ Pilote courageux,
Rétablit les agrès abatus par l'orage.

Admirez d'un ciseau le travail merveilleux;
Tous les traits réunis de ce divin ouvrage,
Peignant de ses vertus l'éclat majestueux,
De son âme sublime expriment le langage.

Angleterre, ta nef à l'abri du danger,
Des flots tumultueux pourroit se dégager,
Si ce Héros un jour en devenoit le guide.

Ranime ton espoir; dans un Port assuré,
Clément dirigera ton Navire égaré,
Et saura l'éloigner de tout écueil perfide.

ÉLOGE

ÉLOGE DU PAPE CLÉMENT XIV.

LES grands hommes font nés pour l'immortalité : leur réputation vole de génération en génération, & fait retentir tous les fiécles de leurs louanges : le monde, qui pour les âmes viles n'eft plus qu'un théâtre où tout difparoît à la fin d'une fcène, n'eft rien moins pour les premiers qu'un grand champ femé de palmes & de trophées, que le temps même femble refpecter. La mort, pour les hommes ordinaires, eft un abîme de malheurs où leur nom va fe perdre avec leur frêle argile. Mais il n'en eſt pas de même des grands hommes; la mort devient pour eux l'occaſion d'un ſurcroît d'honneur, que l'humanité ſe fait ſur-tout un devoir de leur rendre comme un tribut de ſa reconnoiſſance, loſqu'ils ſont hors d'état d'éclairer le monde, & de répandre ſur lui de nouveaux bienfaits. Il arrive néanmoins, que leur gloire eſt quelquefois ſujette à des criſes funeſtes & très-déſavantageuſes, & qu'elle eſt, ou totalement éclipſée ſur la terre, ou du moins qu'elle ne paſſe pas dans toute ſa ſplendeur à la poſtérité ; & c'eſt lorſque l'envie non contente de noircir leurs actions mémorables , ose encore distiller son mortel venin sur leurs vertus les plus distinguées.

Nous savons bien que nous vivons à présent dans un siècle , qui plus que tout autre porte ce caractère de dépravation; siécle où la justice, la religion, le zèle dépouillés de tout leur pouvoir, voient l'impiété soutenue par la cabale , & encouragée par les nouvelles doctrines , se porter aux plus horribles attentats ; siècle enfin où la calomnie, sans craindre d'en être censurée , étend son voile noir sur la conduite de ces hommes magnanimes , qui peuvent s'appeller à juste titre, les vrais bienfaiteurs du genre humain. Parmi ces hommes d'un ſi rare mérite ; quiconque a vécu quelque temps avec nous, a dû ſans doute en admirer un qui, placé par le ſouverain Modérateur de toutes choſes au plus haut dégré de la hiérarchie Eccléſiaſtique, a ſu dans le court eſpace de cinq ans, ſe rendre, par la grandeur de ſes vertus & de ſes talents, l'arbitre & la merveille de l'univers tout enſemble. A ces mots, je ſens naître en mon âme l'idée d'un grand Pape, je veux dire du grand Clément XIVme de ce nom. O nom immortel ! O Clément ! O barbare mort qui nous le ravit ! pourrois-je me diſſimuler ici combien il eſt difficile d'être le panégyriſte

d'un Pape devenu l'objet de la
haine implacable d'un parti très-
répandu & très-puiſſant ? mais
aurois-je l'âme aſſez foible &
aſſez timide pour refuſer mon
encens à un homme qui fut le
plus bel ornement du Sacerdoce
& de l'Empire ? Non , rien ne
ſauroit contenir la noble ardeur
qui m'enflâme. En vain les
envieux auront la témérité de
ſe ſoulever & de décrier mon
entrepriſe ; leur baſſe jalouſie ne
ſervira qu'à donner un nouveau
luſtre à la gloire de Clément,
les âmes honnêtes applaudiront
au moins à mon eſſai , & m'en
ſauront quelque gré.

Qu'on n'attende pas de mon
miniſtère un de ces éloges où

l'Orateur , se proposant d'é-
blouir l'esprit & de charmer
l'oreille , étale , & souvent aux
dépens de la vérité , toutes les
richesses de son art. Celui que
je consacre à Clément est un
simple, mais juste hommage de
l'amour & de la gratitude que
nous devons à ce Héros qui fit
tant de merveilleuses choses à
notre avantage : j'aurois beau
faire valoir toute la pompe ,
tous les charmes de l'éloquence,
je succomberois toujours sous la
grandeur de mon sujet : je me
contenterai donc de tracer le
tableau des principales vertus
de Clément , & je m'attacherai
d'une manière invariable à un
seul point de vue , le fond de

zèle inépuisable dont sa grande âme fut toujours ornée. Zèle pour la félicité de l'Eglise : zèle pour la félicité de son état. Là nous admirerons le Pape; ici nous admirerons le Prince.

I.

LE Dieu d'Israel qui, pour confondre l'orgueil & l'ambition des hommes, avoit coutume dans l'ancienne loi de tirer de la charrue les Prophêtes, des forêts les Légiflateurs, de choisir parmi les Bergers, les Patriarches, les fameux Capitaines & les grands Rois, s'est encore plû de nos jours, à notre grand étonnement, à retirer l'illuftre Ganganelli d'un état d'humilité , d'abjection & d'abaissement volontaire, pour en faire le Chef suprême de l'Eglise du Christ.

Qui lui eût dit, quelques années auparavant, lorsqu'après avoir vu le jour parmi nous dans un petit village hors du lieu d'où il tiroit son origine , il fut élevé dans son enfance par des parens vertueux & distingués par leurs alliances , mais peu favorisés des biens de l'injuste fortune, ces biens si séduisants, qui paroissent , & à nos propres yeux , & à ceux des autres , nous offrir aux hommages de l'humanité; lorsqu'ayant atteint l'âge des grandes passions , cet âge où l'on ne cherche qu'à s'a-

muſer ou s'étourdir ſur ſes devoirs , je veux dire , l'adoleſ-
cence , ſa ſageſſe ſemblant croî-
tre avec le nombre de ſes années , il ſe conſacra à Dieu dans
l'ordre du patriarche d'Aſſiſe ,
ſe rempliſſant, à l'ombre de cette
ſacrée retraite , de l'eſprit du
grand François , & ſe livrant
tout entier aux pénibles auſté-
rités d'une vie pénitente ? Qui
lui eût dit alors qu'il viendroit
un jour où il verroit les nations & les peuples proſternés
à ſes pieds ; où il paroîtroit dans
le Vatican avec le front ceint
de l'auguſte tiare , & s'aſſiéroit
dans la grande aſſemblée des
Pères , pour donner des loix à
l'univers ? Dieu immortel ! Que

vous êtes incompréhenſible dans vos jugements ! Que vous êtes impénétrable dans vos voies !

La condition déſavantageuſe de Ganganelli, au milieu des différentes viciſſitudes qu'il devoit éprouver, dans la plus grande partie de ſa vie privée ; le ſouverain mépris qu'il avoit pour lui-même, pour le monde & ſes vains attraits, ne lui permettoient aucunement de ſonger à l'élévation qui l'attendoit ; mais, comme s'il eût lu ſon ſort dans les décrets éternels, il avoit commencé preſque dès ſa naiſſance à ſeconder les ſecrets mouvements que Dieu imprime dans l'âme de ces hommes rares & privilégiés, qu'il conduit toujours dans les droits fentiers des vertus, après les avoir prédef-tinés aux entreprifes les plus héroiques fur la terre. C'eft par ces nobles voies , & non par les voies tortueufes & détour-nées , ou de la naiffance, ou de l'intrigue, ou des richeffes, que Ganganelli parvint aux plus hautes dignités de l'Eglife. Déjà les plus grands hommes de l'Eu-rope avoient admiré en lui le rare affemblage des plus excel-lentes qualités ; un efprit péné-trant , lumineux, fublime & fécond ; une âme grande , ex-trêmement avide d'acquérir tout à la fois les fciences divi-nes & humaines ; le plus fort & le plus ardent entoufiafme pour ce qui pouvoit étendre la sphère de ses talents ; un cœur, le siège de toutes les vertus, une piété tendre, un zèle aussi infatigable qu'éclairé, une naturelle compassion pour les misères d'autrui qui lui faisoit souvent répéter ces belles paroles d'un grand Empereur (*) : *Je ne saurois désirer mon élévation, que pour le doux plaisir que je goûterois à accabler de bienfaits mes semblables.* Frappé vivement à son tour de la supériorité de ses talents, & de l'héroïsme de ses vertus, Rezzonico l'avoit déjà décoré de la pourpre. Tout sembloit prouver indubitablement que Ganganelli étoit au plus haut

____

(*) Antonin le pieux.

point de fa brillante carrière.
Mais vous aviez réfolu, ô mon
Dieu, d'en faire un jour le
magnanime & l'invincible exé-
cuteur de vos plus grands deffeins; vous le deftiniez à des dignités encore plus éminentes :
Rome, contre toute attente,
devoit voir un jour dans fa perfonne le fouverain Sacerdoce
uni à la Principauté : le ciel, qui
devoit l'en revêtir pour mettre
le comble à la gloire de l'un,
& affermir en même temps
l'autre, vouloit apprendre à
tout le monde, qu'il fait cou-
ronner de fes mains la vertu,
même dès cette vie.

Mais pourquoi falloit-il que
le Pontificat de fon prédéceffeur

fût marqué par les divisions &
les disputes les plus éclatantes ?
Dans ces temps orageux, qu'elles
étoient les allarmes de l'épouse
sans tache du Christ ? La France,
l'Espagne , le Portugal , Naples
& Parme , avoient , mais en
vain , mis tout en œuvre pour
obliger Clément XIII. de ren-
verser entiérement cette plante
étrange , dont la tige superbe
élevée au-dessus de toute hau-
teur , étoit parvenue à couvrir
de son ombre la plus grande
partie de la terre. Mais parlons
sans figure. Le refus constant du
Pape d'abolir la Société de Jésus , cette Société si chère à son
cœur , avoit tout rempli de con-
fusion. Ses Nonces étoient de-

puis quelques années dans une
totale inaction ; un d'entr'eux
avoit été chassé jusqu'aux con-
fins d'un royaume que nous ne
nommerons point. On voyoit
les tribunaux les plus respecta-
bles de Rome, dans les cours
étrangères, fermés ; toutes les
affaires sursises ; la correspon-
dance intérieure interrompue ;
l'ancienne harmonie entre Rome & la plûpart des Princes lan-
guissante ; toutes les loix sans
nerf ; tous les systêmes dérangés :
non seulement, on ne remar-
quoit plus entre les fideles &
leur père commun cette cor-
dialité, cette sincère confiance
qui doit les unir par des liens
indissolubles ; mais deux Mo-

narques indifpofés contre le Saint-Siége avoient encore fait occuper par leurs troupes une partie de fes états. S'ils en étoient enfin venus à ces bruyantes voies de fait , c'eft qu'ils vou-foient le contraindre à donner ce Décret , devenu depuis fi long-temps l'objet de leurs vœux, Décret qui , fupprimant une Société trop fameufe & trop puiffante, promettoit une paix fans fin à toute l'Eglife , & à l'univers entier une parfaite fé-curité.

Laiffez-vous enfin fléchir ten-dre & généreux Rezzonico! ac-courez , venez remédier aux maux fans ceffe renaiffants l'un de l'autre qui affligent l'Eglife!

non ,

non, il n'y remédiera point. Ce vertueux Pontife toujours grand par lui-même , mais affujetti conftamment à des Miniftres fans intelligence & pouffés par l'efprit de parti, ne ceffera d'oppofer aux demandes réitérées des Princes une réfiftance hors de faifon ; ainfi la barque de Pierre fera toujours plus battue de la tempête. Ah ! n'eft-ce pas dans ces temps nébuleux , que les portes impies de l'enfer fembloient avoir confpiré fa perte , & juré d'augmenter de plus en plus entre le Sacerdoce & l'Empire, les déplaifirs & les dégoûts ? N'eft-ce pas encore alors que la Société de Jéfus reçut le coup le plus funefte de

B

cette ample Bulle extorquée à Rome qui , en la comblant d'éloges inexprimables, la confirmoit pour jamais ; tandis que plufieurs Souverains demandoient fa fuppreffion avec la plus vive inftance ?

Dieu tout-puiffant ! Quel autre que vous pourra garantir notre fainte religion d'un fchifme tout prêt à éclater ! Quel autre que vous pourra préferver Rome des plus grands malheurs! Vous aviez réfolu de l'en préferver en effet, mais auparavant vous vouliez appeller à vous ce foible Chef, qui ne tenoit plus que d'une main tremblante les rênes de l'Eglife. Ah ! que fa mort étoit bien propre à pro-

duire dans l'esprit de son successeur les idées les plus affli-
geantes & les plus sinistres, à le
remplir d'effroi , à reculer son
élection. O désirable élection !
O moment précieux! Tu devois
décider du sort de l'Eglise.

L'état déplorable où se trou-
voit réduite cette sainte épouse
du Nazaréen , avoit fixé sur elle
tous ses regards ; il avoit senti
qu'il falloit un homme plus ferme que Rezzonico, pour appai-
ser promptement la furieuse
tempête, qui alloit engloutir le
navire apostolique ; une main
plus habile & plus expérimentée
que la sienne pour le reconduire
au port tranquille de la paix ;
un homme qui, ravi en esprit,

comme saint Paul, jufqu'au troi-
fième ciel, s'y pénétrât d'une
lumière fupérieure & toute divine, qu'il répandît enfuite ici
bas dans le fein de ces âmes gé-
néreufes qui feroient affociées à
fa gloire ; un homme qui, me-
furant avec la plus févère équité
les limites du Sacerdoce & de
l'Empire, fût en conferver les
droits refpectifs dans toute leur
intégrité ; un homme qui, revêtu d'une intrépidité plus qu'humaine, fe déterminât à abattre
enfin toutes les têtes de cette
hydre (*) qui avoit toujours
défarmé tous les bras, & intimidé tous les cœurs ; un homme
fage, prudent, vertueux, capa-

____

(*) La Société d'Iguace.

ble non feulement de connoître
les moyens les plus efficaces &
les plus fûrs pour l'exécution de
fes deffeins, mais encore d'en
prévenir, d'en furmonter toutes
les contrariétés, tous les obfta-
cles ; un homme enfin dégagé de
tout fentiment d'amour propre,
d'un efprit fupérieur, qui ne
craignît point de s'expofer aux
plus grands dangers, afin de
faire reluire fur le ciel de l'E-
glife le bel aftre de la paix. Mais
qui pouvoit être cet homme
d'une vertu fi prééminente, fi
prodigieufe ; cet homme d'un fi
grand zèle, de cette conftance
à toute épreuve ? Vous aviez
arrêté dans vos confeils, ô mon
Dieu ! que ce feroit le Grand

Clément ; vous l'aviez préde-
ſtiné pour cette gloire , & il ré-
pondit parfaitement à ſa voca-
tion.

Rezzonico venoit de terminer le cours d'un Pontificat rempli d'amertumes. Déjà le Sacré-
Collège entre au Conclave , les
Sages d'Iſrael s'aſſemblent pour
ſe donner un nouveau Chef. Le
Cardinal Ganganelli porte à
cette aſſemblée une âme libre
de tout engagement , exempte
de diſſimulation & de tout eſprit de cabale , une âme inac-
ceſſible à la prévention : toujours renfermé dans ſa petite
cellule , il ne ceſſe de prier en
ſilence le Père des lumières de
vouloir donner à l'Egliſe un

Pontife qui, plus diftingué par l'éclat de fes vertus que par celui de fon rang, foit un des plus dignes fucceffeurs du prince des Apôtres. Bien loin d'ambitionner ce premier trône de l'univers, il demande au ciel de le laiffer inconnu dans fon néant : mais le ciel même en avoit autrement difpofé ; c'eft fur lui qu'il jette les yeux ; c'eft à lui qu'il fait entendre fa voix, en développant tout-à-coup à fon âme toutes ces idées, ce fecret preffentiment de fa grandeur à venir, qu'il avoit fi fouvent éprouvé, lorfque, retiré du commerce du monde, il jouiffoit de toutes les douceurs de la vie religieufe. Qu'il eût fait beau l'entendre dans ſes entretiens intérieurs avec ſon Dieu! Il ne s'obſtine point contre ſa ſouveraine volonté, il ne fuit point, comme Jonas, ſa divine préſence, mais il lui dit comme Moïſe ſur la montagne : eh! qui ſuis-je, Seigneur, pour que vous m'employiez à une ſi grande entreprise ? *quis ſum ego ut vadam ?* Mais ſi ſon cœur eſt ſaiſi d'une ſainte frayeur, il s'arme tout-à-la-fois d'un noble courage, il répète avec Iſaïe, voici, grand Dieu, votre inutile ſerviteur, diſpoſez de lui ſuivant votre bon plaiſir, *ecce ego, mitte me.* Dans ce temps de trouble & de calamité, je ſens bien que le gouvernement de l'Egliſe n'a point

de

de proportion avec l'extrême
fragilité de la nature humaine ;
je fuis convaincu qu'il furpaffe
infiniment ma foible portée ;
néanmoins, ô mon Dieu! je n'ofe
m'oppofer à vos deffeins ; & fi
le facrifice de ma chétive vie
vous eft agréable, je le fais vo-
lontiers pour la paix , pour la
félicité de l'Eglife. A ces mots,
il me femble voir le grand
Ganganelli s'incliner & courber
humblement fa tête, en témoignage de fa foumiffion à la volonté de fon Dieu , confentir
d'être revêtu du Pontificat. En
effet , quoi de plus convenable, que cet Être fuprême, qui
donne la vie & l'âme à tout, qui
répand les rayons de fes lumiè-

res dans les esprits , qui remue tous les cœurs à son gré , fît tomber le sort de l'Eglise , dans les plus grands de ses périls , entre les mains d'un des plus grands hommes qui fut jamais ! Heureuse année qui donnâtes au troupeau apostolique le Cardinal Ganganelli pour gardien & pour chef , vous serez marquée d'une manière bien glorieuse pour lui dans les annales de l'Eglise ! Comme l'arc-en-ciel est le fidele avant-coureur du beau temps , ainsi l'élévation de ce vertueux Pontife annonça l'heureux retour de la paix entre le Sacerdoce & l'Empire ; il fut pour la maison d'Israël cet heureux arc-en-ciel , qui lui présageoit, après l'orage, les jours les plus purs & les plus féreins.

O le beau! ô le charmant fpectacle , qu'offrit aux yeux de l'univers l'élection de Clément! On eut dit qu'un mouvement extraordinaire s'étoit emparé tout-à-coup de l'efprit des perfonnes de tout âge, de toute condition, de tout fexe, & portoit dans leurs cœurs le fentiment de la joie la plus vive. Le doux nom de frère Laurent Ganganelli , changé déformais en celui de Clément XIV. retentiffoit partout avec raviffement; à peine l'eut-on prononcé pour la première fois, que l'humanité fembla s'être retirée du profond abîme de fes malheurs.

L'Eglife devoit fur-tout prendre part à l'allégreffe publique, aux applaudiffemens communs. Quelles puiffantes reffources lui préfentoient dans fa difgrace la fublimité & la hardieffe du génie de Clément, la grandeur de fa conftance, ce courage à le roidir contre toutes les difficultés! N'eft-ce pas à l'heureux inftant de fon élection, qu'elle s'abandonne entièrement à fa conduite, & que cette époufe toute en pleurs, & le plus fenfiblement affligée, lui tend les mains, en lui adreffant ces paroles? «Paix, ô Clément, paix! » c'eft de toi que j'attends le » bienfait le plus ineftimable, » celui de ma paix. » A cet af-

pect si étrange, Clément sent
ses entrailles émues , son âme
s'aggrandit & devient en quelque
manière immense ; il proteste à
son Dieu de s'immoler entièrement & à jamais au bonheur de
l'Eglise ; de veiller avec une application particulière à ses intérêts ; de s'occuper sérieuse-
ment à réformer les abus, à rendre aux mœurs toute leur pureté ; d'examiner , d'approfondir
les moyens qui pourroient le
conduire à l'exécution du haut
dessein qu'il a conçu ; de rappel-
ler tout le monde à cette ancienne union des cœurs des
siècles d'or de l'Eglise , dont le
Saint-Esprit nous fait l'éloge
dans les fastes apostoliques. O

la facrée proteftation! ô la pré-
cieufe follicitude!

Mais comment fe flatter de
réconcilier Rome avec les Souverains outragés, tandis que la
funefte expérience du paffé ne
promettoit de la part de ceux-ci
que la plus févère infléxibilité ?
Un infortuné pilote, dont le
vaiffeau, fes antennes & les cor-
dages de fes voiles brifés, flot-
teroit durant la nuit la plus obf-
cure au gré d'une mer courrou-
cée, feroit fans doute dans un
état moins fâcheux que celui
de Clément XIV, à fon avénement au Pontificat. De quelque
côté qu'il porte fes regards, foit
au dedans, foit au dehors de la
vafte étendue de fa domination

fpirituelle, il ne voit par tout qu'agitation. La patience des Monarques injuſtement écon‑duits par Rezzonico alloit bien‑tôt ſe changer en colère, & pro‑duire l'incendie le plus violent; un noir tourbillon parcouroit déjà le ciel de Rome, & répan‑doit l'épouvante dans cette Mé‑tropole du monde chrétien. La France faiſoit éclater ſon mé‑contentement de l'injure qu'elle avoit reçue dans la perſonne d'un jeune Prince, qui lui étoit plus cher par les excellentes qualités qui embelliſſoient ſon âme que par les liens du ſang: l'Eſpagne étoit encore plus ai‑grie que la France, par les im‑portants motifs qui étoient con‑

nus à tout le monde : le Portugal voyoit de mauvais œil les
égards pleins d'affectation que
Rome prodiguoit à ces fiers ennemis de fa couronne , qu'il
avoit humiliés dans fes états :
Naples entraînée par les loix
de la proximité , menaçoit d'é-
tendre la fureur de fes armes
dans les terres du Saint-Siège :
la Pologne avoit déjà formé le
plan de diminuer dans fes domaines les privilèges des Nonces
& l'autorité des Papes : Rome
enfin à fon tour fe plaignoit
amèrement que fes droits les
plus refpectables étoient deve-
nus la proie des étrangers......
Dieu immortel ! eh ! comment
l'Eglife pouvoit-elle ne pas fuc-

comber à tant de revers! Le tendre Clément sent bien tout le danger de sa situation, il déplore, dans le secret de son âme, son triste sort, ses larmes coulent en abondance ; mais il ne s'arrête point à des larmes souvent stériles & impuissantes : il fait un noble effort sur lui-même, & unissant l'activité de son zèle aux prières & aux vœux qu'il adresse au ciel pour la réussite de ses projets, il se hazarde aussitôt d'apporter aux maux qui désolent l'Epouse de Jésus-Christ le remède après lequel elle soupire depuis si long-temps.

Les obstacles qu'il rencontre au commencement de ses scabreuses négociations eussent pu

ébranler l'homme le plus intrépide. Mais jamais le cœur de
Clément ne se laissa entâmer;
il débute d'abord auprès des
Princes offensés, par des lettres
où brillent également la religion , la raison & la vérité; &
sans autre assistance que celle de
ses lumières & de sa vertu , il
parvient à faire face à tout , à
surmonter tout. En vain l'ingénieux François , le prévoyant
Espagnol, le profond Portugais,
le véhément Napolitain lui
opposent tous les charmes ,
toutes les richesses de leur esprit.
Toujours égal à lui-même , le
prudent , le zélé Ganganelli ,
sans manquer à ce qu'il doit à
son état , sans préjudicier aux

prérogatives de l'Eglise , en paroiffant condefcendre à leurs volontés , s'infinue infenfible-ment dans leur cœur. Bientôt par les nouveaux refforts de la plus habile & de la plus faine politique , dans des temps de diffention , il obtient des Sou-verains irrités, ce qu'ils n'accor-derent jamais à d'autres avant lui,dans des temps plus heureux d'amité , d'alliance & de paix.

La puiffance temporelle fai-foit profeffion autrefois d'être fi parfaitement devouée au Saint Siège , qu'il lui fuffifoit de fa-voir que Rome , cette reine des nations eût parlé , qu'elle eût donné une Bulle , porté quelque Décret , pour qu'elle s'empreſſât de les recevoir & de les exécuter avec l'obéiſſance la plus humble & la plus aveugle , ſans en balancer aucunement les motifs. Les Princes de nos jours plus experts , & peut-être un peu trop vigilants, un peu trop éclairés ſur *les démarches de la Cour de Rome,* afin de reſſerrer ſa puiſſance dans des bornes plus étroites, ont ſoumis toutes les loix qui en émanent à l'examen le plus rigoureux Perſonne n'ignore à quelle bruyante criſe fut expoſée, après deux ſiècles d'exiſtence,la Bulle *in cœná Domini,* ſous le pontificat de Clément XIV. Avec quelle admirable prudence ce Père commun fut-il allier, dans une conjonĉture ſi délicate, l'autorité de l'Egliſe avec les intérêts des Princes ! Il avoit, ſans doute, du zèle pour celle-là, mais un zèle ſi diſcret, que ſans perdre de vue ſes droits, ſans dégrader ſa dignité, il ſavoit toujours ſe concilier la bienveillance de ceux-ci, & donner au Trône un nouvel éclat. *On ſe trompe grandement*, diſoit l'Ambaſſadeur d'une Cour, *ſi l'on s'imagine que Clément XIV. ſoit un Pape d'une humeur fort pliable & fort docile ; nous avons été témoins de ſon infléxibilité dans plus d'une occaſion ; & quelque choſe qu'on lui propoſe, il ne s'y détermine jamais, ſans y avoir mûrement réfléchi.* Ganganelli fut toujours le plus complaisant de tous les hommes; mais de cette complaisance qui n'admet jamais la moindre foiblesse, mais de cette honnête complaisance qui, sans entêtement ni fierté, s'accommode aisément aux volontés d'autrui. *J'irai bien*, écrivoit-il à un Souverain, *pour vous faire plaisir, jusqu'aux portes de l'Enfer, mais je n'y veux point entrer.*

Le discernement le plus rare & le plus exquis lui avoit fait comprendre de bonne heure, qu'un Pape doit mettre au rang de ses devoirs les plus sacrés, celui de vivre dans la plus parfaite intelligence avec les Princes, qui ne tiennent que de Dieu seul, une autorité qu'il leur a confiée, pour le bien commun des peuples. Le Prêtre Souverain & éternel l'avoit encore instruit, que le Sacerdoce doit surmonter la force des Potentats du monde par l'humilité & par cette attrayante vertu, le germe & le plus bel ornement de toutes les autres, la douceur, l'affabilité qui nous asservit tous les cœurs ; qu'il doit employer plutôt, dans des temps fâcheux, les larmes & les prières, que ces coups d'autorité, ces menaces, ces foudres enfin du Vatican si communs dans les siècles d'ignorance & de barbarie, mais moins fréquents dans ces deux derniers siècles, vrais siècles de lumière

& d'humanité. Convaincu que le pouvoir des clefs donné par Jesus-Chrift à fes Vicaires fur la terre, n'eft pas un pouvoir de vaine oftentation, il ne fe diffimuloit point l'énorme abus qu'en firent quelques-uns d'entr'eux d'un caractère trop inflexible; abus qui, les couvrant d'un opprobre éternel, (*) fut pour l'Eglife la fource féconde des maux les plus irréparables ; auffi ne pouvoit-il tarir fes larmes fur la perte que fit autrefois cette tendre mère des plus chéris de fes enfans, de tant de Villes, de tant de Provinces,

---

(*) Je ne prétends point contefter à nos Pafteurs le droit de lier & de délier, je veux feulement infinuer qu'ils doivent en ufer avec la plus grande économie.

de

de tant de beaux Royaumes. O Angleterre, fi ton Henri avoit régné fous le Pontificat de Clément XIV...! ce fouvenir amer lui infpira cet efprit de modération qui, préfidant à toutes fes démarches, le rapprocha de ces Souverains qu'on avoit trop imprudemment offenfés, d'un Prince tout prêt à rompre l'unité. Clément le perfuade, que dis-je, il attendrit fon cœur. Bientôt dans le plus redoutable ennemi de Rome, il trouve le plus généreux défenfeur de fes droits.

Après cette éclatante victoire, quelle affaire plus épineufe eût pu l'embarraffer ! Seroit-ce les négociations les plus importan-

D

·tes ? mais il en foûtient le plus
dignement tout le poids. Seroit-
ce l'étroite réunion du Sacerdoce & de l'Empire ? mais, fans
autre confeil que celui de fa
prudence & de fon cœur, il en
concevra le projet ; bientôt il
le verra couronné du plus heureux fuccès. Seroit ce enfin le
nombre infini d'inftances & de
difficultés, que lui oppofent les
Souverains les plus fages & les
plus éclairés ; les Miniftres de
trois vaftes Monarchies les plus
habiles & les plus expérimentés
dans la politique ? mais il y
répond avec autant de célérité
que d'adreffe. Il fuffifoit de vivre
à Rome, au temps de Clément,
pour s'appercevoir d'un flux &

reflux continuel d'Ambaſſadeurs
& de Courriers des Cours au
Vatican , & du Vatican aux
Cours. O vous dont les talents
pour le miniſtère ont été con-
ſacrés par le ſuffrage de toutes
les nations ; Bernis , Aſpuru ,
Almada , Orſini , dites-nous
combien les affaires ſérieuſes
qu'on portoit à ſon tribunal
étoient au-deſſus des efforts des
plus grands hommes de ſon ſiè-
cle ; combien elles euſſent été
capables de laſſer l'eſprit le plus
âpre au travail. En ſerions-nous
ſurpris ? La magnanimité de ſon
cœur , le divin enthouſiaſme qui
l'enflammoit pour la proſpérité
de l'Egliſe , developpoient en
lui ces hautes qualités qui le

rendoient auſſi propre à com-
biner qu'à exécuter les plus
grandes choſes.

Vous connûtes enfin la vraie
magnanimité , la profonde &
univerſelle capacité de Clément , vous lui rendîtes hommage , grands Rois & grands
Miniſtres , qui eûtes des intérêts
à partager avec lui , vous ſe-
condâtes pleinement les plus
chers déſirs de ſon cœur , vous
lui jurâtes amour , ſoumiſſion ,
fidélité. Mais d'où pouvoient
lui venir la vaſte étendue de ſes
connoiſſances , cette ſagacité ,
ces lumières ſupérieures , qui lui
firent ſi ſouvent prévenir les
penſées des autres & approfondir, ſans efforts, les objets les plus

impénétrables aux esprits les plus clairvoyants ? Ne surpaf-foient-elles pas la sphère de l'entendement humain ? Non, ce n'est pas un homme, c'est Dieu même qui m'a parlé jusqu'à préfent, difoit avec emphafe, au fortir d'une audience qu'obtint de Clément le fameux Ambaffadeur d'un Souverain. Quel homme ! quelle excellence de génie ! s'écrioit encore après un fimple entretien un Milord Anglois très-lettré, & auffi partifan des vrais grands hommes, qu'ennemi de la foi & de la vraie religion.

Mais tandis qu'il s'élevoit un concert général de louanges pour célébrer le grand Clément;

tandis que ses belles actions ne laissoient dans tous les cœurs d'autre sentiment que celui de l'admiration , on ne pouvoit concevoir sa manière toute nouvelle de traiter & de conclure par lui-même les affaires. Son attention particulière à les couvrir du voile le plus épais, sembloit bannir toute espérance d'un changement dans le système dominant des Cours , lorsque tout-à-coup on vit rouvrir presque en même temps les Tribunaux Romains dans plusieurs Royaumes ; rendre les Ministres de l'Etat Ecclésiastique à leur première activité ; rétablir avec honneur la Nonciature , recevoir partout avec

eſtime les Décrets des Papes,
leurs différentes conſtitutions.
Or à qui doit-on attribuer la
gloire de ces importants événe-
ments ? N'eſt-ce pas, à l'incomparable prudence de notre Héros ? Ah ! qu'elle parut bien alors
dans tout ſon jour. Hâte-toi de
la célébrer par les fêtes les plus
brillantes, Rome, Cité chérie
de Dieu ! Et vous peuples de
Bénévent , d'Avignon & de
Ponte-Corvo , diſpoſez-vous à
venir reſpirer à l'ombre depuis
long-temps perdue pour vous,
de la paiſible tiare de Clément!
Déjà ſa vertu , ſon zèle ont ſur-
monté tout ce qui s'oppoſoit à
votre bonheur, la pierre d'a-
choppement eſt briſée ; déjà

Madrid , Naples , Lisbonne &
Versailles donnent les ordres les
plus favorables à vos vœux ;
déjà les armes Papales sont réar-
borées parmi vous ; déjà le paci-
fique Clément XIV. a triomphé
de la colère des Souverains ;
déjà la fâcheuse discorde , le
plus vif ressentiment contre la
Cour de Rome , ont fait place
dans leur cœur au dévouement
le plus respectueux.

Une si étrange révolution
pouvoit-elle ne pas surpasser
toute attente ? Comment l'Europe auroit-elle pensé qu'il viendroit un jour où Louis XV. en
France, Charles III. en Espagne, Joseph I. en portugal , &
les deux Ferdinand des Siciles

&

& de Parme s'uniroient au Chef visible de l'Eglise par les liens les plus doux, & en même temps les plus forts? N'est-ce pas, je le répéte, n'est-ce pas à Clément que la gloire de ce jour mémorable devoit être réservée? Que pouviez-vous faire de plus, Seigneur, que de mettre notre destinée entre les mains d'un homme, dont les conseils étoient pour nous autant d'oracles, dans les circonstances d'une desolation presque générale? Hélas en quel état funeste voyions-nous le vrai peuple de Dieu! Toutes les rues de Sion n'étoient remplies que de deuil, ses ennemis triomphoient jusque dans le Sanctuaire; mais il s'est élevé un Prophète en Ifrael , il a combattu , il a vaincu , il eft devenu l'arbitre , le confident & l'ami de ceux-même qui lui étoient les plus oppofés;la gloire de Sion a repris tout fon luftre.

Rome! Tu fus autrefois ac- coutumée à toute la folemnité des triomphes , à toute la pom- pe des fpectacles ! Celui que vient de donner à l'univers le reftaurateur de tes droits & de tes privilèges ; celui de ton al- liance avec les Princes, que fa main habile , que fa fuprême fageffe ont défarmés , fera-t-il moins remarquable aux yeux de la poftérité? Ah! C'eft en ce jour fortuné que le vénérable Vatican portant tout-au-tour de lui un regard majestueux, dans le transport de la joie qu'il ressent d'avoir recouvré son ancienne splendeur, peut dire, en montrant son Pontife ; « voilà le Grand-» Prêtre selon le cœur du Sei-» gneur, voilà l'arbitre de sa vo-» lonté, voilà l'Ange de la paix».

Ici la gloire de Clément va se montrer entièrement à découvert. Tandis que l'Ebre, la Seine & le Tage joyeux retentissent des éloges qu'on lui donne; tandis qu'il contracte une alliance sacrée avec son très-cher fils en Jesus-Christ, le Prince des Asturies, sa haute réputation vole de l'un à l'autre hémisphère, & lui concilie en même temps les profonds hom-

mages de toutes les Nations.
Je t'en attefte, région autrefois
le fiège de la bravoure, & aujourd'hui celui de la molleffe,
Afie, qui élevas un grand empire, qui donna des loix à la
plus grande partie de la terre!
N'eft-ce pas parmi les Chefs de
tes peuples que je vois le Patriarche d'Affyrie, & le Primat
de Perfe renoncer, à la voix de
Clément, aux erreurs de Nef-
torius; reconnoître une feule
perfonne en Jéfus-Chrift, ren-
trer au doux giron de l'Eglife,
en donnant à cette tendre Mère
les marques les moins équivo-
ques de leur prompte & fincère
obéiffance?

Et toi Royaume illuftre, autrefois encore , une des plus belles portions de l'héritage du Seigneur , Angleterre , qui fus toujours l'objet de l'envie & de l'admiration du monde , quelle est ta vénération pour les talents & les vertus de ce grand homme ? Les deux augustes Chambres de ton Parlement , ne lui en donnent-elles pas les marques les plus éclatantes, dans ces Lettres respectueuses , où après avoir offert à Clément , mais avec quelle inexprimable générosité , d'employer tout leur pouvoir à la défense de ses Etats , elles semblent donner quelque rayon d'espérance de se rapprocher de la croyance de

Rome, de se réunir au centre de l'Unité ?

La gloire de notre Héros perce jusqu'au Danube, jusqu'aux forêts de la Transylvanie ; elle s'introduit dans les contrées Ottomanes, dans la Natolie, dans l'ancienne Ancyre ; le venin des hérésies d'Arius & d'Eutychès n'infecte plus l'esprit de ces peuples ; Clément les amene tous en triomphe aux pieds de la grande Epouse, pour lui payer sans cesse le tribut du plus parfait dévouement. Sa réputation se répand encore plus loin ; elle pénétre dans le vaste voisinage de la nation la plus barbare &

la plus irréligieuſe , la grande
Tartarie ; elle appelle des ténèbres de l'idolâtrie à la lumière
de la foi, le Roi de Tangut : on
eut dit que le bruit des exploits
d'Alexandre le Grand, en impo-
ſoit moins dans l'eſprit des peuples,que le ſeul nom de l'incomparable Clément.

Mais de combien de trophées
plus ſuperbes encore ne pou-
vons-nous pas orner ſon triomphe ? Une lumière ſi brillante
avoit demeuré trop long-temps
cachée ſous le boiſſeau, pour ne
pas paroître au grand jour , &
éclairer les Grands de la terre,
ainſi que les Petits. Un Monarque d'Occident, qui eſt ré-
puté à juſte titre,pour le plus bel

ornement du Trône par ſes rares talents, par l'indicible profondeur de ſes connoiſſances, autant que par cet amour ſouverain pour la juſtice, qui vient de lui dicter en faveur de ſes ſujets un Code de loix, vrai chef-d'œuvre de légiſlation, monument éternel de la plus haute ſageſſe; ce Monarque, qui ſe fit toujours une gloire & un devoir d'eſtimer dans les hommes quelconques le mérite & la vertu, ce Prince, des jugemens de qui l'on n'appela jamais, apprend la mort funeſte de Clément; ſon cœur eſt ſaiſi de la plus vive douleur, il l'exprime, mais avec quelle énergie, par ces paroles bien dignes d'un Roi philofophe ; *la mort de Clément prive le monde du plus grand des Papes : il étoit non-feulement la fplendeur des Papiftes , mais encore le héros du fiècle & le doux objet de fes délices.*

Que ce Pape écrive à ce même Prince , qu'il lui demande pour l'Archevêque de Prague , la permiffion de faire des Mandemens de réforme pour la portion fi tendrement chérie de fes ouailles , qui vivoient dans plufieurs endroits de fes Etats : la haute idée que Fréderic a conçu de Clément ; le prévient fi favorablement pour cet homme célèbre , qu'il lui permet avec la plus honnête complaifance , ce qu'il refufa conftamment à fes prédécefleurs.

Mais quelle eft cette augufte Princefle, qui vient offrir à fon tour fon encens à Clément ? C'eft l'invincible émulatrice de Pierre-le-Grand ; c'eft l'illuftre héroïne du Nord, qui par fa vertu feule, a le don de créer les Héros ; qui donne au monde autant de génies qu'elle a d'habitants dans la vafte étendue de fa Monarchie. A ces traits, pourroit-on méconnoître l'incomparable Catherine, l'Impératrice de Ruffie ? Elle avoit une eftime fi particulière pour Clément, que, fans s'arrêter à l'averfion & au dédain naturel de ſes ſujets pour l'Egliſe Romaine; elle lui permit, & le preſſa même par les lettres les plus obligeantes, d'envoyer au plutôt dans ſes Domaines un Prélat religieux, qui, aſſiſté de ſa ſuprême puiſſance, eût une entière inſpection ſur tous les Catholiques qui s'y trouvoient.

Ajouterai-je un nouveau rayon à la gloire de Clément ? Répéterai-je ce que diſoit un de ces hommes, qui ſont la fierté & la férocité même, l'Empereur des Turcs à l'Ambaſſadeur de Veniſe ? « Monſieur le » Baile, s'écrioit le Sultan, tout tranſporté d'admiration pour Ganganelli ; « ſi le ſiège de » Rome étoit toujours occupé

» par d'aussi grands Pontifes,
» on verroit immanquablement
» tous les Patriarches Grecs, se
» réunir pour jamais à la com-
» munion Romaine. » Ombre
glorieuse de Clément ! Ah !
Nous le voyons bien, que le
chaos immense qui nous sépare
de vous, nous enleve la douce
espérance de la réunion de l'E-
glise Grecque à la Latine. Nous
l'avons perdue cette espérance,
oui, nous l'avons entièrement
perdue, & avec vous, avec le
meilleur des Pontifes Romains;
toute sorte d'espoir s'est enseve-
lie dans le tombeau, votre mort
déplorable a été pour nous le
coup de foudre le plus fatal !
Mais hélas ! que vais-je faire?

Arrêtons, faisons un effort sur nous-mêmes pour calmer notre douleur , & n'abandonnons pas sitôt les traces de notre héros.

Que le monde s'empresse d'honorer un personnage distingué, ou par sa naissance, ou par son autorité ; je n'en suis point surpris. La politique où l'intérêt particulier, dirigent bien souvent cet hommage. Mais qu'un simple Religieux , parvenu de l'obscurité d'un cloître au souverain Sacerdoce, en ne se proposant d'autre but que le bien & l'exaltation de l'Eglise, s'attire l'estime & la vénération de tous les Princes , & sur-tout de ceux qui font profession d'être les ennemis implacables de sa

dignité & de ſa croyance ; n'eſt-
ce pas là l'ouvrage de cette excellence de vertu qui gagne,
que dis-je, qui entraîne tous
les eſprits & tous les cœurs ?
Telle étoit celle de Clément ;
elle devoit le rendre à la fois
& l'amour de tous les Souverains, & le héros de l'humanité.

Ah ! Qu'il eſt aiſé de reconnoître l'impulſion véhémente de
cette vertu, & d'un zèle le plus
éclairé, dans cette inſtructive
lettre encyclique qu'il écrivit
à tous les Primats, Patriarches,
Archevêques, & Evêques du
monde Catholique ! En la li-
ſant, on ſent ſon âme ſe pénétrer du plus ſacré reſpect pour
ce grand homme ; on diroit

qu'il eût reſſuſcité ſous ſon Pontificat, ces jours heureux, où le
Tout-Puiſſant ſembloit ſe plaire
à parler immédiatement à l'o-
reille des foibles mortels, pour
leur communiquer ſa ſageſſe.
Quelle manière! Quel ton divin
prend-il dans cette lettre, lorſqu'il s'exprime ſur la ſublime
puiſſance des Princes, ſur leur
gouvernement, ſur leurs devoirs, tant envers leurs Peuples
qu'envers l'Egliſe, & ſur l'u-
ſage de ce glaive que Dieu leur
a confié comme à ſes Miniſtres!
Avec quelle nobleſſe repréſen-
te-t-il aux Sacrés-Paſteurs, l'in-
diſpenſable néceſſité de per-
ſuader à leurs ouailles, d'obéir
à leurs Souverains, non pour ſe

fouftraire aux peines qu'ils peuvent leur infliger, mais par un
motif de confcience ; d'avoir
pour eux une crainte refpe-
ctueufe , accompagnée d'un
amour vraiment filial , & de
former enfin les vœux les plus
ardents au ciel pour leur con-
fervation, pour leur profpérité!
Avec quelle force encore s'ex-
prime-t-il fur les avantages de
la paix & de la charité chrétienne ! Brillante lumière de l'Italie,
célèbre Febronius! Venez mé-
diter fur cet ouvrage , rempli
d'une doctrine toute célefte,
prodige inoui d'éloquence !
Bientôt vous vous extafierez ,
vous ne pourrez vous empêcher
de dire , que depuis Léon le
Grand ,

Grand, la chaire de Pierre ne
fut point occupée par un Pontife aussi sage que Clément;
vous ajouterez qu'il immortalise son siècle par ses rares qualités. Or je le demande, n'avons-
nous pas lieu de faire une réflexion qui se présente d'elle-
même? Si la considération dont
jouissoit Clément, s'étoit élevée
à un si haut période, lorsqu'il
ténoit à peine les rênes de la
Monarchie Ecclésiastique, de
quels avantages, grand Dieu,
de quel accroissement n'eût-
elle pas été susceptible, si la
durée de son règne lui eût cor-
respondu? Continuons néanmoins de l'envisager sous tous
les points de vue; par-tout, dans

la moindre de ſes démarches, nous trouverons l'empreinte ſacrée du doigt de Dieu : partout nous verrons ſa vertu révérée ſans diſtinction, ni d'état, ni de religion.

Je ne parlerai point de ces précieuſes raretés, que la ſavante Académie de Péterſbourg lui offrit, comme un des plus ſolemnels monuments de ſon eſtime. Je paſſerai ſous-ſilence l'impreſſion que firent les beaux ſentimens dont ſa grande âme étoit nourrie, ſur la Cour & ſur le Peuple d'Angleterre, ce peuple ſi jaloux de ſes privilèges, & peut-être le plus rigide obſervateur des coutumes de ſes ancêtres ; je ne dirai point que cette impreſſion fût ſi vive & ſi forte, qu'à la tolérance de la religion Catholique, dans toute l'étendue de la domination Angloiſe, alloit bientôt ſuccéder l'exercice public de cette même religion preſque éteinte dans ſes Royaumes. Je me contenterai de dire, que cet aigle prend ſon eſſor, qu'il pénètre juſqu'aux extrêmités de l'Aſie, dans cet endroit où les flots écumeux du Gange, vont ſe rompre dans le vaſte ſein de l'Océan : je dis que ce Prince de la paix s'inſinue dans le cœur âpre des Rois du Tunquin & de la Cochinchine; d'abord il les radoucit; bientôt ils perdent leur antipathie pour notre ſainte reli-

gion ; ils brifent les chaînes fous
le poids defquelles bien des
Chrétiens gémiffoient dans leurs
états ; je dis, que la fouveraine,
la fage légiflatrice des Ruffes
entretenoit avec Clément le
commerce de lettres le plus intime & le plus immédiat, &
qu'il y avoit tout lieu d'attendre, qu'après avoir ceint fon
augufte front de lauriers triom-
phaux, cueillis à travers les flots
du fang des barbares Ottomans ;
après avoir rempli tout le monde de fes merveilles, pour mettre le comble à fa gloire, elle
rangeroit fous les douces loix
de ce Pontife, fes Sujets qu'elle
venoit de policer, de civilifer.
Je dis enfin, que fi le ciel nous

eut encore conservé quelques
années une tête si précieuse à
toute l'humanité , son zèle pa-
cifique eût réalisé non-seulement
le patriotique projet d'une paix
éternelle , conçu par l'ingénieux
Abbé de Saint Pierre ; mais l'E-
glise à son tour eut étendu ses
bras maternels aux peuples ob-
stinés , déserteurs de la foi ; que
le Mahométisme, & la Gentilité
sembloient déjà ne pouvoir se
dérober aux rayons ardents de
ce grand luminaire , & que son
Pontificat nous préparoit à ces
temps si désirables, où il n'y auroit eu qu'une seule bergerie ,
qu'un seul Pasteur.

La plus délicate de toutes les
entreprises de Clément , celle

dont le Seigneur sembloit avoir réservé l'exécution aux jours de son Pontificat, parce qu'il avoit l'âme la plus forte & la plus intrépide qui fût jamais ; c'étoit sans doute l'abolition de la Société de Jésus. Les esprits étoient à cette occasion, divisés en deux partis bien puissants : l'un pour des raisons que tout le monde connoît, faisoit entendre en tout lieu ses plaintes, & demandoit à grands cris, l'entière & perpétuelle extinction de ce corps : l'autre, tout dévoué à ses intérêts, ne cessoit de manifester le chagrin qu'il ressentoit, de la crise fatale où il étoit réduit dans ces derniers temps. Dans la chaleur de ces

bruyantes difputes , Clément
prend en main le timon de l'E-
glife ; il jette un regard obfer-
vateur fur les qualités & fur le
caractère de cet Ordre fameux
qu'on vouloit fupprimer : il le
trouve femblable à cette petite
fontaine, dont il eft parlé dans
le livre d'Efther, qui devenue
tout-à-coup un très-grand fleuve, à force de rouler fes eaux,
fe convertit en une vive lumière, en un foleil refplendiffant ;
& après s'être enfin partagé en
une infinité de rivières, inonda
toute la terre. Il le voit prefque
au fortir de fon berceau, s'é-
tendre au loin dans les quatre
parties du monde, fe faire honorer des grands, obéir des

petits , s'introduire dans les
Cours , devenir l'oracle des
Princes ; poffeffeur des plus
beaux talens , donner aux Uni-
verfités les plus grands Philo-
fophes & les plus profonds
Théologiens , aux chaires , les
Orateurs les plus accrédités , à
toutes les fciences, les plus célè-
bres Profeffeurs ; mettre au jour
les plus favantes productions ,
laiffer partout des monumens
de fa rare fageffe ; travailler enfin fans relâche , avec une infinité d'Ouvriers à la direction
des âmes , à la culture des efprits ; fe rendre en un mot l'âme
& l'arbitre de tout l'univers.
Clément admire les bons endroits de la Société d'Ignace ,
mais

mais en même temps il ne se dis-
simule point qu'elle est tombée
dans la disgrace d'un parti très-
redoutable. Qu'elle sera sa déter-
mination ? Epousera-t-il aveu-
glément les intérêts des uns ou
des autres ? Non , non, dans
cette occasion , comme dans
toutes les autres , il ne prendra
conseil que de sa prudence, il
convaincra les Souverains de la
nécessité de ne rien précipiter : *Donnez-moi le temps , leur dira-
t-il ; d'examiner à fond l'affaire sur
laquelle je dois prononcer. Je suis
le père commun des Fideles , &
spécialement celui des Religieux ;
je ne puis donc détruire aucun
Ordre , sans y être autorisé par
des raisons qui me justifient aux*

G

yeux de tout le monde, & princi-
palement devant Dieu. Comme
un Général habile & expéri-
menté au fait de la guerre, avant
d'entrer en campagne, forme
le plan de ſes opérations, prend
les plus juſtes meſures pour les
exécuter, fait les plus ſérieuſes
réflexions ſur les obſtacles qui
peuvent ſurvenir, pourvoit à
tout, porte ſa prévoyance ſur
tout ; ainſi le ſage Clément,
avant de décider du ſort de là
Société de Jéſus, emploie l'eſpace de quatre années à approfondir cette importante affaire,
à en reconnoître avec une ſagacité & une dextérité véritable-
ment dignes des plus grands
éloges, tous les moyens, toutes

les conséquences , toutes les
difficultés, tous les dangers.

Combien de fois fouille-t-il
les Archives de la Propagande ?
Combien de fois confronte-t-il
les Mémoires & les Faits qui peuvent avoir le moindre rapport
à la cause qu'il doit juger ? Combien de fois encore pese-t-il dans
la même balance les procès, les
accusations intentées à la Compagnie de Jésus , & toutes les
raisons qui militent pour elle ?
Libre de passions , entièrement
dépouillé de toute prévention ,
de toute partialité ; également
ennemi de la censure & de la
flatterie, il n'écouta jamais d'autre voix que celle de la justice
& de la vérité , mais sur-tout

lorfqu'il fe détermina enfin à porter folemnellement le Décret foudroyant de la fuppreffion de la fameufe Société d'Ignace. L'abolition de la Société d'Ignace! Grand Dieu, quel mot vient de m'échapper! Ah! N'eft-ce pas dans ce terrible moment, que notre héros va courir une carrière moins brillante fans doute que celle de Judith, mais auffi plus épineufe? N'eft-ce pas alors, qu'étendant la main pour trancher la tête au fuperbe Holoferne, il dit, comme la libératrice de Béthulie : *Soutenez mon courage, Seigneur, regardez l'œuvre de mes mains ! Je fais, ajoute-t-il, qu'elle va m'attirer toute la haine de ces âmes baffes.*

*qui , insensibles au bien public ,
n'ont à cœur que leur intérét particulier ; je sais qu'elle remplira
mes jours d'amertume ; mais je sais
aussi que votre Eglise , dont vous
me confiâtes le soin , mérite bien
que je lui fasse le sacrifice de tout
ce que je suis : je le fais très-vo-
lontiers , ô mon Dieu ! Protégez-
là cette Eglise , protégez l'ouvrage
de mes mains !*

Paroissez ici, scélérats impo-
steurs , hommes envieux de la
gloire de Clément, venez nous
dire à présent, que le Décret
d'abolition de la Société, porte
l'empreinte d'une prudence toute humaine ; interrogez tous les
Princes Catholiques, ceux mêmes qui furent les plus ardents

fauteurs de cette Société , &
dont l'efprit conciliant de ce
Pape captiva le fuffrage ; interrogez le monde impartial ; ils
vous diront tous à l'envi, qu'ils
l'ont approuvé, qu'ils le révèrent
ce Décret , comme le chef-
d'œuvre d'une prudence toute
divine ! Ils favent bien que les
Souverains Pontifes font prépo-
fés à la conduite de l'Eglife ,
appellée la Vigne-Myftique du
Dieu de Sabaoth ; que c'eft un
devoir indifpenfable pour eux ,
non-feulement de la cultiver,
de la fermer de haies, de la faire
fructifier , mais encore d'en
arracher les mauvaifes herbes,
d'en retrancher les rameaux,
qui, bien loin de lui profiter

lui caufe du dommage. Clément
connoiffoit parfaitement lui-
même toute l'étendue de ce devoir, il en faifoit la règle con-
ftante de fa conduite ; comment
donc auroit-il pu voir la Société
d'Ignace, devenue le fujet de la
divifion qui régnoit entre le
Sacerdoce & l'Empire, en
proie à la colère, à l'averfion
des Princes, fur le point d'en-
gendrer un fchifme, fans foule-
ver fon zèle religieux contr'elle ?
Auroit-il oublié que l'Eglife ne
dut les plus beaux jours de fon
règne, qu'à l'attention qu'elle
eut à conferver avec les Rois
de la terre, les liens facrés de
l'amitié & de la concorde ? Illuftre Princeffe, écrivoit autre-

fois Léon le Grand à Pulcherie, cette Impératrice si digne du trône par sa vertu rare , par ses talents ; « les choses humai- » nes ne seront jamais stables sur » la terre, tant que l'autorité du » Sacerdoce & des Potentats du » siècle, n'agiront pas de concert » pour défendre la Religion & » la Foi. » Clément avoit toujours présentes à l'esprit ces admira- bles maximes ; il sentoit que l'abolition de la Société , devoit être le nœud de l'entier rétablissement de la paix, entre la puissance spirituelle & temporelle ; mais il sentoit encore qu'il devoit faire violence à l'aménité de son caractère , & ne point hésiter à sacrifier une Compagnie qui avoit encouru la disgrace des Souverains, aux intérêts de l'Eglise. Il la sacrifie donc cette Compagnie. Mais qui pourroit méconnoître l'esprit qui dicta le Décret de sa suppression ? Que Clément s'y peint bien lui-même ! Qu'on y découvre aisément les trésors de son grand cœur, à l'ardente charité, au soin vraiment paternel, à la tendre affection qu'il y témoigne à tous les membres de la Société dissoute !

Eut-on jamais imaginé que cette masse énorme, qu'on éleva par le plus inoui des prodiges, jusqu'au milieu du monde, qui n'avoit au-dessus d'elle d'autres bornes que le ciel, & au-dessous confinoit aux extrêmités de la terre ; que cette maffe, dis-je, qui fut pendant plufieurs fiècles l'objet des travaux des plus grands hommes, des plus beaux génies, des plus fins politiques qui s'appliquérent fans relâche à la fortifier, à la mettre à l'abri des injures des temps ; eut-on jamais penfé, qu'ayant conftamment foutenu les plus grands chocs, les plus vives fecouffes ; qu'après avoir été inébranlable au bruit terrible d'une infinité de foudres & de tonnerres, elle feroit dans un inftant mife en poudre, anéantie par la force toute-puiffante du héros que nous honorons ? Jour de cet anéantiffement, jour à jamais

mémorable & bien digne des
bénédictions de tous les âges !
Que ne vis-tu reſſuſciter, ſortir de leurs tombeaux, ces glorieux Pontifes qui formèrent
de leur temps, le grand deſſein
de renverſer ce coloſſe de puiſſance, mais qui ne vécurent pas
aſſez, ou n'eurent pas aſſez de
courage pour l'exécuter ? Ah!
Quelle eût été leur ſurpriſe, ſi
parcourant des yeux l'univers,
ils avoient remarqué d'une part
Ganganelli, portant du haut de
ſon trône un tendre regard ſur
la fameuſe Société terraſſée &
gémiſſante ſur ſes ruines ; & de
l'autre, l'Egliſe ſe félicitant
d'avoir été arrachée par cet
homme invincible, aux violentes

agitations d'une furieufe tempête, & ramenée au doux, au délicieux fein de la paix! A cet afpect euffent-ils pu fe défendre d'envier le fort de Clément, fa vertu, fon triomphe? Ne fe fuffent-ils point écrié ? Qu'il eft grand ! Qu'il eft glorieux pour lui, d'avoir tendu une main fecourable à l'Eglife, dans les plus grands dangers ! N'eût-il rien fait de plus dans tout le coursde fa vie, cela feul fuffiroit pour tranfmettre fon nom à tous les fiècles à venir.

Mais quel feroit l'efprit fi ftupide, qui ne s'apercevroit point de l'embarras, où la fuppreffion de la Société de Jéfus devoit précipiter ce Père infatigable de tous les Fideles ? Le vuide immenſe qu'elle faiſoit dans le monde Catholique ne lui laiſſoit que cette fâcheuſe alternative, ou de paroître aux yeux de toutes les Nations, le deſtructeur du bonheur public & de l'intérêt commun, ou de faire des prodiges d'activité & de zèle. Les Colléges de Rome & d'une grande partie de l'Italie ; ceux d'Allemagne, d'Angleterre, de Pologne, & des Pays-Bas, manquoient alors de Profeſſeurs pour toutes les ſciences & pour tous les Arts ; les Miſſions des Indes, de la Chine & du Tunquin ; celles d'Afrique, d'Europe & d'Amérique, ainſi que celles des côtes de l'Océan,

étoient dépourvues d'Ouvriers
Evangéliques ; la plûpart des
Tribunaux de la Pénitence
étoient sans Miniſtres, les Chaires ſans Profeſſeurs, mille exer-
cices de piété ſans Directeurs &
ſans Maîtres. Clément oſera-t-il
ſeulement eſſayer de remédier
à tant de maux, à des maux ſi
preſſants ? Son zèle ne ſe dé-
mentira-t-il point ? Non, non,
ſon zèle, ſa ſagacité, ſon intrépidité, ſeront comme un feu qui
enflammera tout, qui conſu-
mera tout, qui pénétrera tout,
qui réſiſtera à tout, & à qui rien
ne réſiſtera ; bientôt l'univers
ne pourra comprendre ce qu'il
verra, que l'eſpace ſans bornes
laiſſé par la Compagnie de

Jésus dans sa chûte, soit rempli par-tout, en moins de rien, & contre toute attente ; bientôt l'Eglise bénira le ciel de lui avoir donné, dans le temps de son infortune, un Pape aussi sage, aussi éclairé que Clément.

Nous avons admiré jusqu'ici son adresse, ses succès dans les négociations les plus importantes avec les plus grands Princes de l'Europe ; nous l'avons vu rendre à Rome son ancienne autorité , son premier lustre, la remettre en pleine possession des Provinces qu'elle avoit perdues; nous avons remarqué sous son Pontificat, le Sacerdoce & l'Empire s'embrassant, se jurant une amitié, une concorde éternelle , la foi triomphant fous fes aufpices,des ennemis du nom Romain ; des nations entières profeſſant l'Evangile dans toute fa pureté : enfin nous l'avons vu facrifier tout , fe facrifier lui-même aux intérêts de l'Eglife, terminer , avec une charité, avec une prudence incompara-ble, la plus grande , la plus dif-ficile de toutes les entreprifes. Toutes ces belles actions de Clé-ment ont dû nous laiſſer l'idée d'un Pontife de la plus haute, & de la plus folide vertu; d'un Pontife modefte dans la prof-périté , inébranlable dans l'ad-verfité , d'un Pontife en un mot irrépréhenfible, accompli.

J'éleve à préfent les mains au ciel,

ciel, j'implore son secours contre les envieux, contre les ennemis de Clément; je prends à
témoin le souverain scrutateur
des cœurs, que dans tout ce
que j'en ai dit, je ne me suis aucunement écarté du vrai. La
renommée qui fait passer jusqu'aux races futures le mérite
des grands hommes ; la vérité
qui tôt ou tard se découvre, ré-
pondront un jour pour lui : elles
démentiront ces téméraires ca-
lomniateurs, qui n'auront pas
craint d'obscurcir la gloire de ce
héros. Certains esprits prévenus
m'accuseront peut-être d'avoir
flatté son portrait ; d'autres plus
équitables ne trouveront dans
cet éloge qu'un foible crayon

de ſes vertus, & ne veront en moi que le plus diſcret interprête de ſes ſentiments. Mais il eſt temps de tourner le grand tableau, & après avoir tâché de donner une juſte idée de Clément en qualité de Pape, il me reſte à le repréſenter, en celle de Prince.

I I.

LA gloire de Clément n'eût été qu'imparfaite, ſi après avoir fait, comme Pape, le bonheur de l'Egliſe, il n'eut encore fait, comme Prince, celui de ſes Sujets. Je ſais qu'il eſt très-difficile d'être en même temps grand Pape & grand Prince ; je ſais que la religion & la politique paroiſſent diamétralement op-poſées dans leurs principes. Néanmoins l'exemple de l'admi-rable Clément, a été pour nous une preuve ſans réplique, qu'on peut allier les égards qu'on doit à l'une, avec les devoirs qu'on doit remplir envers l'autre ; ſa dextérité dans la conduite des plus grandes affaires , a fait connoître au monde, qu'il avoit enfin trouvé un Héros en état de manier également l'épée & les clefs , & de ſoutenir auſſi dignement le caractère de Prin-ce que celui de Pontife.

La ſageſſe, la prudence, & la grandeur d'âme , ces qualités ſi éminentes ne ſont pas moins

essentielles à la perfection d'un
Prince, qu'à la félicité de ses
sujets. Un Prince sage, ne se contente point d'avoir quelque no-
tion des loix fondamentales de
son état, il s'instruit encore à
fond, de tout ce qui peut élever
son esprit à la connoissance des
règles d'une excellente adminis-
tration; toujours attentif à cir-
conscrire les droits d'un pouvoir
indépendant, il respecte dans
l'usage qu'il en fait, ceux des
peuples qui lui sont soumis.
Plein de respect pour ses devoirs,
un Prince prudent, consulte en
tout les loix naturelles, les loix
divines & les loix humaines; il
marche toujours sous les yeux
de la vérité; dans les grandes

comme dans les petites entreprifes, il prend le bien public
pour règle de fa conduite ; il
exerce la juftice, fans perdre de
vue la clémence; s'il recherche
les douceurs de la paix, c'eft
fans oublier les avantages d'une
guerre légitime ; on ne le verra
jamais fe prévaloir de fa force
& de fa puiffance, pour s'ériger
en oppreffeur ou en tyran. Un
Prince magnanime fe regarde
comme le Pafteur & le Père de
fes fujets ; toujours prêt à les
combler de bienfaits, il ne balance point pour facrifier fon
bonheur à celui d'autrui , & ne
fait confifter toute fa grandeur
dans le monde, qu'à être libéral
fans prodigalité, & humain fans
foibleffe.

Le Seigneur voulant donner autrefois à Israel un Roi , qui n'avoit pas encore trouvé son semblable , orna le fils de David de sagesse , de prudence & de grandeur d'âme : *Dedit Deus sapientiam Salomoni , & prudentiam multam nimìs, & latitudinem cordis.* Sous un Prince si parfait, tous vivoient heureux & tranquilles. Sous le règne de notre Héros qui sembla s'être proposé Salomon pour modèle, son peuple, pour qui il eut toujours l'amour le plus tendre, des bontés presque divines, fut-il moins fortuné , moins en assurance ? Fut-il lui-même moins sage , moins prudent, moins magnanime que Salo-

mon ? Qu'on confidère le tableau de fa vie ; par-tout à ces
traits on reconnoîtra la trempe
de la grande âme de Clément ;
& comme ces animaux myſté-
rieux, que vit dans les cieux
le Prophète Ezéchiel fe laiſſer
aller à l'impétuoſité de l'Eſprit-
Saint qui les animoit, & qui
guidoit conſtamment leurs pas ;
ainſi les vertus de Clément les
plus excellentes & les plus avan-
tageuſes à fon peuple, fuivirent
toujours l'impreſſion prédomi-
nante de fa haute fageſſe, de
fa prudence, de fa grandeur
d'âme indicibles. Je fais ici abf-
traction de toutes fes autres
vertus, pour ne m'attacher qu'à
celles qui font fon caractère dif-

tinctif , en qualité de Prince ;
son désintéressement , sa constance à garder inviolablement
son secret , & son amour pour
la Religion.

A peine Clément s'est-il assis
sur le trône , qu'il remplit son
esprit de ces hautes vues , &
nourrit son cœur de ces nobles
sentiments qui l'élevant au-
dessus des hommes ordinaires ,
devoient le rendre le parfait
modèle & la vraie image des
grands Princes. Dès lors il
comprend qu'il s'est chargé
d'une dette immense envers son
Peuple ; il est imbu de cette
belle sentence d'un ancien Phi-
losophe bien digne d'être gra-
vée sur le front , disons mieux,
dans

dans le cœur de toutes les têtes couronnées ; le Prince s'oublie lui-même & se dévoue entiére-ment au bonheur de son Peuple, mais le tyran n'est sensible qu'à ses propres intérêts ; *Princeps quæ populi, tyrannus quæ sua.* Clément se pénétre de cette importante maxime, aussi n'est-ce pour lui qu'une seule action de se revêtir des ornemens de la Royauté, & de considérer le rapport intime & sans milieu qui se rencontre entre le Prince & ses Peuples ; aussi n'est-ce pour lui qu'une seule chose de tenir à un lien si sacré, & de fai-re au ciel la plus solemnelle pro-testation, de ne vouloir vivre que pour le bien-être de ses Sujets.

Rome ! Peuples de l'état de l'Eglise, qui mangeâtes jusqu'ici votre pain dans l'inquiétude, raffurez-vous, ceffez vos larmes ! C'eft après un combat, qu'un vaillant guerrier recueille le fruit de fa victoire ; c'eft après un orage , qu'on voit, dans un jour pur & ferein qui ranime toute la nature, le Pilote tout joyeux guider le fillage de fon vaiffeau ; le Berger conduire , en s'égayant, fon troupeau chéri, du pâturage à la rivière ; le campagnard s'enfoncer, en chantant, dans les bois : c'eft encore après avoir été long-temps battu d'une horrible tempête, que vous favourerez l'avantage de vivre fous le règne d'un Prince bienfaisant, défintéreffé , fous les douces loix de Clément. Rome, encore une fois, heureufe Rome! Sujets , heureux fujets de Clément, félicitez-vous d'avoir pu trouver un Prince qui, touché de vos difgraces, va faire éclater tout fon amour pour vous! Un Prince qui, vous regardant comme fes enfans , fera plus jaloux de prendre à votre égard la qualité de Père que celle de Souverain. En lui, l'innocence opprimée trouvera toujours un défenfeur, l'orphelin fans appui un protecteur , la veuve abandonnée un confolateur, la vertu indigente un bienfaiteur. Mais c'eft trop peu pour fon grand cœur d'être le foutien des malheureux. A l'exemple de Marc-Aurele, il ne verra jamais dans sa propre personne, que l'homme d'affaires de son Peuple. Persuadé que l'argent est le nerf des Empires, qu'il n'y a point de Gouvernement au monde qui puisse subsister, sans un trésor qui donne au Prince les moyens de soudoyer les gens de guerre, ces infatigables gardiens de la sûreté publique ; d'entretenir honorablement ces fidels Ministres qui sont préposés à l'inviolable observation des loix de la patrie ; de subvenir aux besoins du peuple, sur-tout, dans un temps de calamité générale, il mettra toute son application à régler, à policer son Etat.

Les premiers objets qui se présentent à sa sollicitude, à son avénement au trône, sont l'épuisement de ses finances, une somme immense de dettes à payer, un peuple accablé de misère. Ah ! que son cœur est sensiblement affligé de tous ces maux. Que ne peut-il donner promptement à ses sujets une assistance proportionnée à leurs besoins, porter parmi eux l'abondance, ou les arracher du moins à leur indigence ! Pour sentir ici toute la violence de sa douleur, représentons-nous un tendre père, au milieu d'une troupe éplorée de jeunes enfans qui, pressés par la faim, & tendant languissamment leurs bras,

lui demandent par leurs cris &
leurs sanglots, un pain qu'il n'est
pas en état de leur donner.
Cher peuple, consolez-vous !
Tel le soleil paroissant à peine
sur l'horizon, jette par-tout une
infinité de rayons, & dorant
l'hémisphère, porte la joie dans
tous les cœurs ; telle encore une
nue, dans un jour d'été, chargée
d'épaisses vapeurs, ouvre son
large sein, & se convertit en
une pluie qui arrose à la fois des
milliers de plantes & de champs;
ainsi Clément, le tendre Clément, dès les premiers momens
de son régne, va répandre sur
tout l'influence de sa suprême
bonté ; il va vous ouvrir les riches trésors de son immense

fein. Bien loin d'imiter ces injuſtes Souverains, dont le luxe & le faſte dévorants, portés aux derniers excès, peuvent, il eſt vrai, faire illuſion à nos ſens; mais ne donneront jamais les qualités du cœur qui font les grands Princes; bien loin d'é- tendre ſur ſes Sujets un ſceptre de fer, de les opprimer par l'a- bus de l'autorité; l'affection qu'il leur porte, lui ſuggérera de conſacrer à leur ſoulagement, juſqu'aux revenus affectés à ſon propre entretien, de ſe refuſer même le néceſſaire. O l'amour ingénieux! l'amour déſintéreſſé!

Nous ne l'ignorons point: dans les temps les plus fâcheux de la République Romaine, le

Sénat ne voulut jamais établir de nouvelles impofitions fur le peuple; il pourvut,à fes propres dépens , à tous les befoins de l'Etat, eftimant avec raifon que les pauvres faifoient affez , en élevant leurs enfans pour le fervice de la mère patrie. Clément ne fembla-t-il pas avoir hérité de l'efprit des anciens Romains? Plus grand même, plus héroïque qu'eux , non-feulement il n'accrut point la maffe des impôts , mais il rappela fans ceffe à fes Sujets les traits les plus nobles de la divine providence ; comme elle , il répandit les bienfaits fur tout ce qui l'environnoit. Quelle générofité ! Quel exemple pour les Princes !

Qu'un de ſes Miniſtres lui apprenne qu'un ſcélérat monopoleur fait ſortir frauduleuſement de ſon Etat, une partie des grains qui lui ſont néceſſaires ; ne ſe dépouille-t-il pas auſſi-tôt de ſa modération, de ſa bienfaiſance naturelle, pour venger l'inſulte faite à l'amour qu'il porte à ſon Peuple ? N'ordonne-t-il pas qu'on arrête le coupable, qu'on inſtruiſe ſon procès ? « Je » veux, dira-t-il à ſon Miniſtre, » que toute la terre ſache, que » c'eſt m'arracher la vie que de » diminuer la ſubſiſtance de mes » Sujets ».

Pourrions-nous ici paſſer ſous ſilence, qu'il porta le déſintéreſſement & l'oubli de lui-même, jufqu'à fe réduire au fimple ufage d'une petite chambre, qui n'eût pour tout ornement qu'un Crucifix ? Que fa table fût plus frugalement fervie que dans fon état primitif de Religieux? Qu'il ne voulut pour tout domeftique & pour compagnon de fa vie privée, qu'un Frère lai de fon Ordre ? Qu'il ne donna jamais rien à fon plaifir, pas même dans le temps qu'il fuccomboit fous le faix de fes peines ? Pourrions nous taire fon extrême horreur pour cette pompe qui accompagne les grandeurs humaines, & qui, pour l'ordinaire, en enchantant les fens, fait tomber l'âme dans l'oubli de fes devoirs? En vain de lâches flatteurs lui

repréſenteront-ils, que ſa dignité
de Pape & celle de Souverain,
exigent qu'il étale à tous les yeux
l'appareil le plus magnifique.
Guidé par ſon auſtère vertu, il
leur répondra que la vie pénitente & crucifiée de ſaint Pierre
& de ſaint François, ne fût aucunement une école de molleſſe,
& qu'il ne convient point à un
Vicaire du Chriſt, qui n'eut
pas un endroit à repoſer ſa
tête, de paroître dans le monde
avec éclat, à la manière des Princes. Il ajoutera, qu'inſenſible à
tous autres beſoins qu'à ceux de
ſon peuple, un bon Prince les
regardera toujours comme ſon
horloge, ſe tenant prêt à toute
heure à voler à ſon ſecours.

Quels fentimens ! qu'ils font grands ! qu'ils font héroïques !

On comprendra fans peine, qu'après avoir dérobé fon cœur à l'éternel menfonge des plaifirs, après s'être entiérement dépouillé de lui-même , il dut être moins difficile à Clément de fe détacher de fes proches. Amateurs de l'Hiftoire , qui lirez un jour celle du népotifme ! Vous n'y trouverez point le nom de Ganganelli ; ou fi vous l'y trouvez , il ne fera pas flétri par ces honteufes foibleffes , qu'on reproche fi juftement à tant d'autres Papes. N'aurez-vous pas lieu d'y admirer un homme qui, fans aucun égard pour la chair, ou pour le fang , ne reconnut

directement ou indirectement
ni neveux, ni parents, ni patrie,
& qui fut semblable en tout au
Grand - Prêtre Melchisedech,
sans extractions, ni famille ; ou
plutôt à Notre-Seigneur, qui ne
mit au nombre des siens sur la
terre, que ceux qui accomplis-
soient la Loi, la volonté de son
Père céleste? Puisse le généreux
exemple de Clément anéantir à
jamais le népotisme !

Peuples des âges à venir, que
la curiosité conduira des pays
lointains à Rome! Ah! ne com-
ptez point trouver, parmi les
nombreux & superbes monu-
mens de son ancienne grandeur, de magnifiques jardins,
des maisons de campagne déli-

cieufes, de précieufes galeries, des palais fomptueux, de riches héritages, deftinés par Clément à illuftrer fes neveux, fa famille. Mais à leur place, vous verrez des marques publiques & multipliées de fon zèle pour le bien général. Tous les honnêtes gens vous diront à l'envi, que ce Père commun ne voulut vivre, & laiffer vivre fes proches dans l'indigence, que pour enrichir fes Sujets. Quel état au monde eût été plus digne d'envie, plus floriffant que le fien, fi la mort, l'impitoyable mort, ne fe fût trop hâtée de renverfer les beaux, les immenfes projets de ce généreux Prince, que nous pleurerons toujours amèrement!

Si Clément eut une extrême horreur pour le népotifme, il n'en eut pas moins pour les favoris. L'hiftoire des révolutions des fiècles lui avoit appris, qu'il n'eft que trop ordinaire de voir s'introduire dans les Cours, des hommes ambitieux & trompeurs, qui, à l'ombre de la protection du Prince, font porter à fes Sujets tout le poids de l'adminiftration la plus odieufe & la plus tyrannique. Intimidé par ces exemples, Clément auroit-il ofé s'expofer au fort de ces infortunés Souverains, à qui l'on dépeint les plus grands maux, fous l'apparence du plus grand bien, & les juftes clameurs de leurs peuples opprimés, comme

une effufion de cœur, comme
des tranfports de l'allégreffe com-
mune? Auroit-il pu s'empêcher
de fe méfier des hommes, &
d'éviter fur-tout de donner fa
confiance à ces âmes vénales &
baffement complaifantes, qui,
fous prétexte de s'accommoder
aux fentimens des autres, n'af-
pirent qu'à déguifer la vérité,
à trahir la juftice, & font toujours prêts à facrifier le bien
public, à leur intérêt particulier? Sans avoir été élevé à la
Cour d'aucun Prince, Clément
connoiffoit à fond les détours
& les trames infidieufes de l'a-
dulateur & du courtifan; auffi
répétoit-il fouvent, qu'*un Sou-*
verain qui a plufieurs favoris, en
fera

fera tôt ou tard infailliblement maî-
trifé, & peut-être encore abufé.

Mais à qui croirions-nous
que Clément rapportoit toutes
ces obfervations politiques ?
N'eſt-ce pas au bonheur de ſon
Peuple ? Oui, la profpérité de
ſon Peuple fut toujours l'âme
de toutes ſes actions ; & comme
la mer, en retenant dans ſon
ſein l'amertume de ſes eaux,
pourvoit abondamment l'indu-
ſtrieux Pêcheur de tout ce
qu'elle renferme de plus doux
& de plus rare dans un fond
herbeux, ainſi Clément ne ſe
réferve que des peines & des
chagrins, & fait goûter à ſes
Sujets toutes les douceurs de la
vie ; il pouſſe la générofité, juſ-

K

qu'à difpofer en leur faveur de
fes droits fur les Gradués, des
préfens même, dont plufieurs
Princes font hommage à fon
mérite. Ah ! n'eft-ce pas fous
fon règne heureux que les pauvres cefsèrent de fe plaindre,
qu'ils étoient la portion du peuple la plus oubliée ? N'eft-ce pas
alors que ces hommes infortunés
qui n'ont pour tout logement
qu'une chétive chaumière, que
les Laboureurs, en traçant leur
fillon, louerent le ciel, & lui ren-
dirent mille actions de grâces
de leur avoir donné le plus tendre des Pères ? Quand eft-ce que
tous les Souverains fe modele-
ront fur Clément ?

Mais quel nouveau, quel im-

menfe champ vient s'ouvrir à
l'éloge que je lui ai confacré !
Je l'avoue , je fens que je fuc-
combe fous le poids de ma haute
entreprife. Que celui qui ne fait
point ce que peut le grand cœur
d'un Prince qui brûle d'ardeur
pour fes Sujets ; reconnoiffe auffi
fon infuffifance. Comment concevoir en effet , que cet illuftre
Pape, qui faifoit verfer toutes
les années dans le fein des pauvres & des mendians , près de
cent mille écus Romains , ait
encore laiffé tant de glorieux ,
tant d'ineffaçables monumens
de fa munificence & de fon défintéreffement ! Ici , il fait élever
de fpacieux édifices , deftinés à
l'ufage des plus excellentes Ma-

nufactures ; des ouvriers font
appellés à grands frais des pays
étrangers : là il forme le Mu-
féum Clémentin , ce fublime
dépôt de toutes les connoiffances humaines , qui donne les
plus hautes idées de fon génie &
de fon goût, il l'enrichit abondamment de toutes fortes de
rares antiques , d'inftrumens
pour les fciences, de précieufes
médailles, de diplômes intéref-
fants des âges les plus reculés.
Par fes foins , la Bibliothéque
du Vatican eft ornée de ma-
nufcrits inappréciables , d'ef-
tampes les plus curieufes ; les
revenus des Archi-Hôpitaux du
Saint-Efprit & de Latran font
affurés , augmentés ; les plus

riches Domaines acquis à la Chambre-Apostolique ; les chemins de Castel-Gandolphe artistement applanis ; les maisons de plaisance, les jardins, les palais rendus plus majestueux, plus agréables. Par ses sages réglemens, Civita-Vecchia est agrandie, pourvue de belles & commodes Casernes ; les côtes de la mer sont fortifiées, les ports réparés, le commerce étendu. Avec quelle générosité vraiment digne d'un grand Prince, récompense-t-il les talents ! Avec quel soin protège-t-il, fait-il fleurir les sciences, les beaux arts ! Cet art même si précieux, à qui les hommes doivent leur conservation, l'agriculture, cet

te source inépuisable des richeſ-
ſes des Empires , & qui leur eſt
ſi néceſſaire , n'échappe point
aux regards de ce politique auſſi
intelligent que zélé pour le bien
public ; il s'occupe le plus ſé-
rieuſement des moyens de fer-
tiliſer les campagnes incultes de
ſes domaines. Ces épaiſſes vapeurs qui s'exhalent du fond in-
fect dés marais Pontins, & dont
l'influence eſt ſi meurtrière pour
les malheureux habitans de cette contrée , n'euſſent-elles pas
cédé à la vigilance héroïque de
ce Père des peuples ? L'air , le
terrein , la nature n'euſſent-ils
pas pris ſous le ciel de Rome ,
& de tout l'état de l'Egliſe, une
face nouvelle , ſi ce ſoleil , qui

sembla ne s'être levé que pour notre bonheur, ne se fût couché trop promptement ? Ah ! Seigneur, pourquoi ne permettiez-vous pas qu'il mit le comble à sa gloire, en éxécutant les magnifiques, les utiles projets qu'il avoit conçus ?

« Un Prince, dit le savant
» Plutarque, est préposé par la
» Divinité, pour avoir constam-
» ment l'œil sur ses Sujets ; ad-
» ministrateur sage & éclairé des
» biens qu'elle lui donne en par-
» tage, il sait en appliquer à
» propos une partie aux besoins
» présents de son état, tandis
» qu'il en réserve une autre pour
» ceux à venir ». Ah ! que l'immortel Ganganelli accomplit

bien à la lettre la belle inftruc-
tion de cet Hiftorien moralifte ! C'eft peu pour lui d'avoir
comblé fon peuple de bienfaits
les plus fignalés ; c'eft peu pour
lui de l'avoir foulagé d'un grand
nombre d'impôts , d'avoir
amorti cette fomme immenfe de
dettes , dont le poids accablant
faifoit gémir depuis fi long-
temps le miniftère de Rome ,
fon zèle s'étend encore aux befoins de la poftérité ; il lui mé-
nage les plus puiffantes reffources, dans la prodigieufe quantité
de deniers qu'il amaffe dans le
tréfor public. Vous connoiffiez
toute l'étendue de ce zèle, vous,
la gloire de la Pourpre & de
l'Epifcopat, vous qui vous inté-
reffâtes

reflâtes fi vivement à l'élection
de Clément, illuftres Cardinaux
François , Rochechouart &
Luynes , lorfque vous affuriez
que ce grand Pape, pour être à
fa vraie place, devroit comman-
der à tous les hommes ! Et vous
fage & augufte Princeffe Bor-
ghefi , ne trouviez - vous pas
réunies en fa perfonne toutes les
qualités qui font les grands Princes ? Ne le regardiez-vous pas
comme l'ami des hommes , le
Sage par excellence , lorfque
vous difiez , *que l'âme du Pape
Ganganelli étoit fi belle , que Titus lui-même la lui auroit enviée?*
Ah ! venez à préfent, ennemis
jaloux de fa gloire , vous qui
méconnoiffez fon zèle, fon dé‚

fintéreffement, venez lui alié-
ner le cœur de fon peuple! Plus
jufte appréciateur que vous du
vrai mérite, ce cher Peuple n'en
fera, j'ofe le dire, que plus ido-
lâtre de fon Prince. Il n'y a pas
jufques au Tibre (*) qui, pre-
nant part à l'admiration com-
mune, fort de fon lit profond,
& élevant fa tête écumeufe au-
deffus de fes hautes rives, regarde avec tranfport ce Héros; fe-
coue, pour marque de fa joie, fes
fuperbes flots, & s'en va vîte
annoncer à la mer, qu'il a eu le
bonheur de le voir.

L'expérience & la politique
nous apprennent que la ma-

____

(*) Cette penfée eft plus du ftyle Poëtique
que du ftyle Oratoire.

chine qui fait mouvoir une grande Monarchie, tourne en toute assurance lorsqu'elle est étayée du secret. Le secret, à le bien considérer, est l'âme des affaires générales & particulières, une arme invincible cachée dans le cœur du Prince, qui prévient souvent dans un Etat, la révolte, la rivalité, la dissention. Mais ne bornons pas là les avantages du secret ; c'est le secret qui concilie au Souverain les hommages de ses Sujets, qui maintient la paix dans les Empires, parce qu'il en impose aux puissances voisines & éloignées, & qu'il intimide à la fois les ennemis du dedans & du dehors. Le secret fut si fort en honneur au près de ces habiles politiques qui illustrèrent l'antiquité par les merveilleuses productions de leur esprit, qu'ils conseillerent aux Princes de ne jamais communiquer leur secret, pas même aux personnes les plus expérimentées & les plus dignes de leur confiance; ils virent les troubles fréquents qu'occasionna dans tous les siècles l'inobservation du secret, & le préjudice irréparable qu'elle entraîne après elle, pour les Républiques & les autres Etats; ils comprirent combien le secret étoit nécessaire au bon gouvernement des peuples, combien il contribuoit à leur sûreté, à leur prospérité; aussi n'y eût-il jamais au monde aucun état bien policé qui ne l'ait gardé le plus scrupuleusement.

Ah! que l'illustre Ganganelli posséda cette vertu si rare dans un degré bien éminent. Qu'il sut la mettre avantageusement en pratique, pendant tout le temps de son pénible règne! Et s'il est vrai que l'homme vertueux se plaît à prendre Dieu pour modèle, l'amour de Clément pour le secret ne le rendit-il pas la plus vive image de la sagesse divine ? Humaine fragilité qui, dans les affaires épineuses, ne peux te passer d'un conseil, tu fus toujours inconnue à Clément ; pour toujours son cœur magnanime te rejetta!

A quelqu'extrêmité que fuſſent réduits l'Egliſe & ſes Etats, jamais il ne s'ouvrit à perſonne ſur les avantages qu'il leur préparoit; la juſte crainte de rencontrer, dans l'exécution de ſes grands deſſeins, des coopérateurs, ou infideles, ou indiſcrets, qui le jettaſſent lui-même & ſes entrepriſes dans le précipice, lui fit une loi ſuprême du ſilence; ainſi fût-il toujours ſon propre oracle, ſon propre guide.

Les limbes des Papes, diſoit ce Grand-Homme, lorſqu'il n'étoit encore que Cardinal, à un Religieux d'une ſageſſe conſommée; *les limbes des Papes ſont à Rome, parce qu'ils y ſont pour l'ordinaire aſſervis à une troupe de flatteurs, qui leur laiffent ignorer,* *& ce qui fe dit, & ce qui fe paffe.* Clément adopta-t-il jamais ces maximes ? Ne regarda-t-il pas plutôt avec un fier dédain l'état de fervitude éclatante où vécurent la plûpart de fes prédéceffeurs ? N'eft-ce pas par lui-même qu'il voulut connoître tout, voir tout dans fon plus grand jour ? Mais en même temps, quel foin n'apporta-t-il pas pour envelopper des plus épaiffes ténèbres, ceux qui pouvoient traverfer fes projets ? Faut-il donc s'étonner après cela, fi l'on difoit communément dans Rome, *que le pontificat de Ganganelli* *n'étoit point celui des curieux,* parce qu'il ûfa toujours d'une circonfpection fans égale dans les affaires. J'en attefte cette entreprife qui paroifloit au-def-fus de tous les efforts humains, & qui, pour être conduite à une heureufe fin, demandoit le concours de prefque tous les Souverains du monde catholi-que : Clément s'en occupe près de quatre années, mais avec quelle prudence fait-il la tenir renfermée fous l'ombre d'un fe-cret impénétrable, jufqu'au mo-ment de fa bruyante exécution !

L'Hiftoire donne les plus grands éloges au Sénat Romain, pour avoir tû quelque temps la Confédération qu'Eumène, Roi de Pergame, vint lui propo-fer en pleine affemblée, contre

le vaillant Perſée, Roi de Ma-
cédoine. A quel ſublime dégré
de gloire ne doit-donc pas s'attendre, auprès de la poſtérité,
l'immortel Ganganelli, pour
avoir obſervé pluſieurs années
le ſilence le plus inviolable, ſur
tant d'affaires ſi étranges & ſi
compliquées? Et ne pourrions-
nous pas dire, avec raiſon, que
le ſecret, qui de nos jours ſemble
être banni de la ſociété, trouva
encore un aſile, un ſanctuaire
dans le cœur de ce grand Prince? O vous politiques ſpécula-
tifs, à la curioſité de qui rien ne
paroit échapper, vous qui
voudriez pénétrer juſques dans
les cabinets des Princes; c'eſt
en vain que vous penſeriez avoir

percé la nue qui environne celui de Clément ! Semblable à ces fameux Capitaines, qui, dans le siège d'une place, pour donner le change aux assiégés, font souvent de fausses attaques à la partie opposée à celle où ils projetent de porter les plus grands coups, le sage Ganganelli, pour déconcerter toutes vos conjectures, toutes vos spéculations, fera tout le contraire, en apparence, de ce qu'il aura résolu. Une nuit profonde couvrira constamment toutes ses démarches du voile le plus épais, jusqu'au moment où il les fera paroître dans tout leur éclat, & manifestera à l'univers les immenses, les admirables travaux de son génie supérieur. Ah ! s'il eût régné du temps que Lycurgue , Solon , Numa donnerent à Sparte, à Athènes , à Rome, des loix sur l'observation du secret , auroient-ils pu se défendre de le proposer aux peuples, dont ils étoient les Législateurs, comme le modèle le plus accompli d'une si belle vertu ?

Mais sans aller lui chercher des approbateurs dans la vénérable antiquité ; tandis que l'Histoire, ce grand tableau sans cesse ouvert à tous les yeux, perpétuera la gloire de ses actions héroïques, ses Sujets ne feront-ils pas éclater les transports de leur admiration , ne conserveront-ils pas précieufement la mémoire des avantages, que leur procura le zèle infurmontable d'un fi bon Prince pour le fecret ? Du haut du grand Vatican, ils entendront dans tous les fiécles une voix ftentorée qui ne ceffera de crier, apprenez, ô vous qui régnez ! Apprenez de Clément à être ardents amateurs du fecret.

Si notre héros fit fervir au bonheur de fes peuples, fon défintéreffement & fa conftance à garder inviolablement fon fecret, il ne fit pas moins concourir à ce grand but, fon amour pour la Religion.

La Religion cette vertu toute divine, puifqu'elle n'a d'autre

objet que le Créateur , est le
plus ferme appui du trône , elle
forme le plus doux lien de la
société , & assure à chacun de
ses individus son état. La Religion est le moyen le plus effi-
cace qu'on puisse employer, pour
soumettre à l'empire des loix ,
ceux qui , par leur rang , ou par
leur crédit, se tiennent au-dessus
des loix mêmes ; elle enhardit
d'un côté la vertu timide , par
l'espérance d'une récompense
sans fin , & enchaîne de l'autre
le vice, par l'effrayante perspe-
ctive d'une malheureuse éternité. La Religion peut seule en
imposer à ces juges sans intégrité , à ces Princes qui , s'érigeant en tyrans de leurs sujets,

laiſſent par-tout des traces de leur injuſtice & de leur cruauté. C'eſt le défaut de religion qui fit eſſuyer aux plus célébres monarchies, les révolutions les plus étranges ; toute leur grandeur ſe diſſipa , elles rentrèrent dans leur néant, à meſure qu'elles perdirent leur Religion, quoique fauſſe & trompeuſe. Horace avoit vivement ſenti cette vérité, lorſqu'à la vue des maux qui affligeoient ſa chere Rome, il s'écrioit en ſoupirant ; « doit- » on être ſurpris qu'un fleuve » de malheurs inonde l'Italie, » porte au loin le ravage ; tandis » que la plus forte digue eſt » rompue, qu'on ne conſerve » plus aucun reſpect pour la

» Religion, aucune eſtime pour
» les Dieux; » *hìnc omne princi-*
pium, hùc referet exitum : dii
multa neglecti dederunt heſperiæ
mala luctuoſæ.

Or je le demande, ce qu'un
Poëte avoit compris par les
ſeules lumières de la raiſon obſ-
curcies par les ténèbres du pa-
ganiſme, auroit-il pu échapper à la grande âme de Clément,
qui fut toujours éclairée par une
lumière ſupérieure ? A la faveur de cette lumière toute cé-
leſte, il connut que, ſi l'irréli-
gion entraîne les Souverains à
la cruauté, au deſpotiſme ; la
Religion leur donne des entrailles de père pour leurs peuples,
& qu'elle ſeule peut les diſtin-

guer du commun des Princes.
Combien de fois rappeloit-il à
son esprit, qu'un Souverain ne
sauroit se montrer trop religieux
aux yeux de ses Sujets, & que
ceux-ci, semblables aux moin-
dres planètes, qui reçoivent
leur lumière du soleil, copient
les vertus, ou les vices de ceux
qui les gouvernent? Aussi toutes ses actions, tous ses propos
porterent-ils toujours l'heureuse empreinte de la Religion;
aussi ne compta-t-il pour rien
tous ses autres avantages; aussi
ne fit-il consister sa gloire, que
dans l'exercice de cette vertu
qui, imposant au Prince l'ob-
bligation de s'immoler aux intérêts de son Peuple, & au Peuple

ple l'obligation de s'immoler à ceux de son Prince, pourvoit d'une manière admirable au salut de l'un, ainsi qu'à celui de l'autre.

Ah ! n'est-ce pas son amour pour la Religion, qui agrandissant & élevant son âme jusqu'à l'infini, en fit le plus profond contemplateur de l'Être-Suprême, lui apprit à mettre toute sa confiance en Dieu, à le consulter, non-seulement dans les affaires les plus graves, mais encore dans celles de moindre considération, & à reconnoître en tout sa providence. La Religion ne l'arma-t-elle pas de constance dans ses plus grandes adversités ? Ne lui inspira-t-elle

M

pas le plus grand zèle pour la
propagation de la foi catholique ? N'embellit-elle pas son
âme de toutes les vertus qui
conviennent à l'homme privé,
de même qu'à l'homme public ?
N'eft-ce pas enfin à la Religion,
qu'il dut cette aimable popula-
rité qui, lui repréfentant fans
ceffe fon état primitif d'abaif-
fement, le rendit le plus com-
municatif des hommes, envers
les grands & les petits, envers
ceux du dedans, ainfi qu'envers
ceux du dehors ; pour ceux de
fa propre communion, & pour
ceux encore d'une communion
étrangère ? O vous tyrans fana-
tiques, qui voudriez enchaîner
la liberté de vos frères, venez

lui reprocher qu'il est trop doux, trop tolérant! Il vous répondra, que son honnête condescendance, bien différente de cette criminelle tolérance, qu'affichent les Philosophes de nos jours, consista toujours à tolérer tous les hommes, sans tolérer leurs erreurs (*) *à souffrir avec patience*, comme dit l'illu-

(*) Pourquoi l'Académicien de Montauban, auteur de la feinte apologie de Clément XIV. entasse-t-il sans discernement dans cet ouvrage autorités sur autorités, pour armer indistinctement & en toute occasion, la puissance spirituelle & la temporelle contre l'erreur? Elles ne sauroient, il est vrai, apporter trop d'attention pour réprimer les progrès de l'héréfie; mais quand le mal est devenu presque incurable, comme l'héréfie de Luther & de Calvin en Allemagne, après avoir infifté à temps, à contre-temps; après avoir réprimandé & prié, conformément au précepte di

M 2

ftre Fenelon, (*) *tout ce que Dieu souffre, & à tâcher de ramener les hommes par une douce persuasion.*

(*) Direction pour la conscience d'un Roi.

---

grand Apôtre à son disciple Timothée ; est-il convenable alors de faire des pays infectés de l'erreur, le théâtre d'une guerre civile & sans fin ? L'Eglise elle-même doit-elle employer toute sa puissance coactive ? N'use-t-elle pas plutôt pour l'extérieur de la société, de la plus prudente condescendance ? Aussi dans l'état présent où sont les affaires de la Religion Catholique en Allemagne, les Papes de nos jours, moins stricts que M. l'Abbé de L. T. n'ordonnent-ils point aux Evêques & aux Pasteurs subalternes, qui vivent dans ce pays, d'imiter envers nos frères errants, les exemples de rigueur qu'exercèrent S. Jean, Moyse, Phinées, Elie, Elisée, S. Pierre, S. Paul, & Jesus-Christ.

La critique des Lettres & autres pièces mises au jour, par M. de Caraccioli, n'aura pas donné sans doute beaucoup d'exercice, à l'esprit bouillant de l'Abbé de L. T. ; il n'a eu besoin, pour la faire, que de tremper sa plume dans le fiel, & de le distiller sur les

Vous fites l'épreuve de l'aménité de ses mœurs, illustre Electrice de Saxe , augustes Princes d'Angleterre , lorsqu'à l'exemple de la Reine de Saba ,

---

choses, qu'il lui a plû de censurer, en leur prêtant à la plupart , un coloris qu'elles n'eurent jamais. N'a-t-on pas lieu de lui appliquer, ce que les Redacteurs du Mercure de France , disent de l'Auteur du Tartufe épistolaire démasqué ? *Au lieu de se tenir à cette discussion critique , (si les Lettres de Ganganelli sont supposées ou non ,) l'Auteur se répand en invectives ; & l'intérêt de la vérité fait place à l'esprit de parti. On voit clairement que le crime de M. de Caraccioli , n'est pas d'avoir mis des Lettres pleines d'une excellente morale , sous le nom d'un Pape qui la prêchoit par son exemple; mais d'avoir été le panégyriste du destructeur des Jésuites.* C'est-là en effet tout son crime , & ce qui l'a rendu méprisable aux yeux des partisans de la Société proscrite. A quoi ne doivent pas s'attendre les amis de Ganganelli, depuis que l'Auteur de sa feinte apologie , a eu la témérité de se déchaîner contre le grand vous accourûtes à Rome, au bruit des actions glorieuses de ce sage Salomon ! Vous le vîtes, vous entendîtes avec un plaisir inexprimable, l'esprit de Dieu qui parloit par sa bouche, sur les dogmes & les maximes de la Religion chrétienne ; vous lui dîtes, c'est parceque le Seigneur a aimé Israël, qu'il vous en a fait le Roi ; *eò quod Dominus dilexerit Israël, constituit te regem ;* bientôt vous allâtes annoncer à vos Peuples, que ce grand Prince étoit infiniment au-

____

* Le Roi de Prusse.

Frédéric, * qu'il dépeint comme un scélérat, un libertin, un usurpateur ; & contre la nation Angloise, qui, toute enveloppée qu'elle est dans les ténèbres de l'erreur, tiendra toujours un des premiers rangs, parmi les nations les plus ingénieuses de l'Europe ?

deſſus de ſa renommée.

Et vous auſſi qui fûtes les
dépoſitaires de ſes ſentiments
religieux, dites-nous, combien
de fois il vous manifeſta par ſes
expreſſions animées, par les
amoureux ſoupirs qui les ac-
compagnoient, ce ſaint enthouſiaſme, ce zèle ardent pour la
Religion qui enflammoient ſon
âme, & qui ſe peignoit juſque
ſur ſon front, ſur ſes yeux, & ſur
toute l'habitude de ſon corps ?
Combien de fois entendites-
vous les tendres plaintes qu'il
faiſoit à ſon Dieu, de ne l'avoir
point fait vivre dans ces temps
heureux, où ſes prédéceſſeurs,
dont il envioit le glorieux
triomphe, ſcellèrent leur foi de

leur fang ? Non, non, le Seigneur n'exauça point vos vœux,
illuftre héros de la religion! Mais
s'il vous refufa la palme du mar-
tyre, il vous réfervoit à un genre
de gloire plus avantageux à l'E-
glife. Votre croyance épurée,
devroit fervir à réprimer ces
incrédules à fyftême; ces hommes facrilègement audacieux,
qui vont par-tout la tête levée;
ces impofteurs, ces efprits fu-
perficiels, qui, felon l'expreffion de faint Jacques, blafphè-
ment ce qu'ils ignorent; cès
fléaux de la fociété, qui, non
contens de défigurer, de fou-
ler aux pieds l'image facrée de
la vertu, de renverfer & détruire tous les principes des
mœurs,

mœurs , pouffent l'efprit de
veftige & l'impiété , jufqu'à je-
ter des ombres & des nuages
fur les œuvres du Tout-Puiffant;
jufqu'à mettre le Chriftianifme
dans la claffe des chimères &
des fuperftitions , & regarder
enfin la croyance de la Divinité
comme une foibleffe , une baf-
feffe , une folie.

La République Romaine ,
après avoir étendu fa domination dans toutes les parties du
monde , foutint le poids énorme
du gouvernement d'une infinité
de Villes & de Provinces, avec
une prudence qui fera l'admiration de tous les âges. Il faut
néanmoins l'avouer ; ce ne fut
pas une feule tête qui porta ce

N

pefant fardeau. La République fut puiffamment fecondée dans fes grands deffeins. A la conduite de toutes les affaires publiques , des Confuls vigiláns joignirent la Surintendance générale du militaire , une autorité fans bornes fur les Magiftrats inférieurs , le droit même de préfider à leur élection. Un Sénat nombreux & refpectable par les belles connoiffances des membres qui le compofoient, adminiftra les finances , rendit la juftice aux Peuples , envoya les Ambaffadeurs vers les Cours des Souverains étrangers, donna audience à ceux qui lui venoient de leur part, Le Peuple eut le foin de conférer les charges &

les dignités de l'Etat ; c'est à lui que furent dévolus la puissance législative & le droit de décider sur les alliances, sur les traités de paix & sur la guerre.

Le Héros que nous révérons, eût-il jamais les mêmes avantages que la République Romaine ? Placé sur le trône de l'Eglise, maître d'un Etat assez florissant, fût-il assisté de Consuls, du Peuple, des conseils d'un Sénat ? Non, Clément ne voulut régner que par lui-même; trop attentif au repos de ses Sujets, trop jaloux de leur bonheur pour mettre leur sort en d'autres mains que les siennes ; dans les temps les plus désastreux, lui seul expédia toutes

les affaires générales & particulières, ſoit politiques, ſoit
ſacrées; lui ſeul préſida à tout,
lui ſeul arrangea tout: Rome fut
forcée de convenir, qu'elle
avoit enfin trouvé un Prince
dans la perſonne d'un Pape.

Que penſera la poſtérité ſur
le règne de Clément ? Oſeroit-
elle attribuer au miniſtère d'autrui ce caractère de grandeur
& de ſupériorité qui le diſtin-
guera toujours de tous les autres ? Ne jugera-t-elle pas plutôt, que Clément n'en fût redevable qu'à ſa propre vertu,
à ſon ſavoir, à ſon excellente
judiciaire, & ſur-tout à ſa religion, à ſa haute piété ? *Sans la
religion*, diſoit ce grand Prince,

mon âme fera fans ceffe vacillante dans le gouvernement de mes Peuples ; avec la religion, la force, la juftice, toutes les vertus, toutes les lumières viendront à la fois, affurer toutes mes démarches ; guidé par cette véritable fille du ciel, je faurai bien maintenir le haut rang dont Dieu ne m'a fait que le dépofitaire ; mon âme deviendra inacceffible à la furprife, à la prévention, ce vice odieux fi ordinaire aux Grands, & qui rend un Prince incapable de gouverner un Etat dans la droiture & l'équité. Je fais, ajoutoit cette lumière de notre fiècle, je fais, que la Providence ne m'a mis à la tête d'un grand Peuple, que pour veiller avec une attention paternelle à fon bien-être.

Un Prince ne doit jamais perdre de vue, qu'il eſt venu au monde, moins pour lui-même que pour la félicité de ſes Sujets. O les divins ſentimens ! Qu'ils ſont bien dignes de Ganganelli ! Que ne ſont-ils gravés dans l'âme de tous les Princes ! Qu'ils produiroient dans le monde une heureuſe révolution ! N'eſt-ce pas alors qu'il préſenteroit le touchant ſpectacle d'un bonheur univerſel ? Mais que ces ſentimens décelent dans Ganganelli un homme bien inſtruit dans la ſcience du gouvernement, ſcience aujourd'hui ſi rare & ſi difficile à apprendre ! Ne diroit-on pas que ſon âme ſe fût élevée juſqu'au trône de l'Eternel ; &

qu'après avoir puisé dans son
sein les véritables idées du règne
le plus sage, d'un règne fondé
sur l'esprit de religion , elle fut
descendue sur la terre, pour les
ressusciter ensuite parmi les maîtres du monde? Ah! Si ce Monarque , dont le nom seul suffit
pour attendrir un cœur François , si Henri le Grand avoit
vécu sous le Pontificat de Clément XIV ; Rome eût-elle eu
un juste sujet d'envier à la France
le bonheur de vivre sous les loix
de ce Père des Peuples ?

Un cœur magnanime & géné-
reux , ne sauroit mettre des bornes à ses libéralités ; plus il donne , plus il voudroit donner ;
heureux de s'appauvrir lui-

même afin d'enrichir les autres.
Si l'on veut en favoir la raifon,
c'eft que l'homme tend toujours
par un inftinct naturel à reffem-
bler à fon Créateur; & que la
bienfaifance peut feule imprimer dans notre âme, les traits les
plus nobles de la Divinité. Tel
étoit le cœur immenfe de Clément. C'eft peu pour ce nouveau Titus, dont toute la vie
fut un acte de bonté, d'avoir fait
fervir au bonheur de fes Sujets
fon défintéreffement, fa conftance à garder inviolablement
fon fecret, fon amour pour la
religion; fon naturel bienfaifant
le porte encore à chercher de
nouvelles voies pour accroître
leur profpérité; mais elles font

toujours au-deſſous de ſes déſirs ; & quoiqu'il faſſe infiniment
pour eux , il lui ſemble n'a-
voir rien fait. N'eſt-ce pas là le
vrai héroïſme ? N'eſt-ce pas un
héroïſme particulier à Clément ,
& tout-à-fait inconnu avant lui ?

Mais qu'apperçois-je ? Ce bon
Prince , après s'être dépouillé
de tout en faveur de ſon Peuple , répandoit ſon âme en préſence de ſon Dieu , le conjurant
d'être ſon appui dans l'accom-
pliſſement de tous ſes deſſeins ,
lorſque le glaive de la mort
la plus prématurée & la plus
cruelle , vient tout-à-coup le
frapper , & ravir à l'Egliſe , un
Pontife , ſon éternel honneur ;
à ſes Sujets , leur Prince & leur

Père ; à l'espèce humaine entière, ses délices, sa gloire &
son plus bel ornement. Clément meurt..... Ah ! Je n'ose
parler de ce qu'annonce la voix
publique. J'en laisse le jugement
au ciel ; je me contente d'ob-
server , qu'il semble sourire à
l'impitoyable mort ; qu'il meurt
dans les douleurs les plus atro-
ces, les plus inouies, sans perdre cette sérénité d'âme, l'appa-
nage de l'homme juste, qui n'est
dans Ganganelli qu'une effusion
des sentimens vertueux qui
marquerent tous ses pas ; un effet de la douce espérance qu'il
conçoit d'aller bientôt s'unir à
sa dernière fin , & jouir de cette
bienheureuse immortalité, qui,

à la vie & à la mort, détache une
âme généreufe de tous les êtres
périffables, pour l'élever à l'a-
mour du fouverain bien. *Je
meurs, ô mon Dieu!* dit ce grand
Pape, dans fes derniers momens;
*je meurs victime de mon zèle
pour la juftice. Je naquis pour
vous, j'ai vécu jufqu'à préfent
pour vous, c'eft encore pour vous,
que je finis ma vie dans les tour-
mens. Je prie pour moi, je prie
pour mes ennemis, pardonnez leurs
fautes, pardonnez les miennes,
c'eft là le feul défir de mon cœur.*
Qu'on l'interroge fur fa dernière
volonté, relativement à fes
neveux? *Je me dépouille,* répond-
t-il *de nouveau, de tout. Je fais,
que je ne poffede point de richeffes*

je ne reconnois point de parents ; je suis libre de toute attache ; je naquis pauvre, je vécus pauvre, je veux mourir très-pauvre. Mon âme s'en va retourner vers son Créateur. Pour ce qui vient de la terre, qu'on en dispose en faveur de ceux qui ont droit d'y prétendre. Quels sentimens ! Une âme qui est parvenue à ce dégré de perfection, n'est-elle pas au comble de l'héroïsme ?

Clément meurt ; mais avant de rendre le dernier soupir, il jette, comme Pape, un amoureux regard sur l'Eglise ; & pour lui donner la dernière marque de ce zèle ardent, qui le fit veiller sans relâche à sa défense, il la recommande singuliérement à son divin Epoux ; heureux d'avoir sacrifié sa vie à ses intérêts , il voudroit en avoir une infinité à lui offrir. Il jette, comme Prince , un coup d'œil sur ses Sujets ; ensuite s'adressant aux intelligences célestes protectrices de sa chere Rome & de tous ses Etats , il leur demande un Successeur qui , tout occupé du bonheur de son Peuple, signale son règne par l'esprit de justice & de paix. Il regarde aussi la Religion, comme Chrétien ; & c'est dans son sein qu'il cherche toute sa consolation, tout son repos. Enfin la derniere heure sonne, le temps est fini pour lui , son âme se dégage de ses liens terrestres ;

& nous préfumons, fans prévenir les auguftes décrets de l'E-
glife, que, portée fur les aîles
defa vertu & de fon héroïfme,
elle s'eft envolée dans la maifon
de la bienheureufe éternité,
pour s'y enivrer d'un torrent de
délices. Ainfi meurent les grands
hommes, ainfi Clément termine
fa noble carrière. Sa fin malheu-
reufe plonge dans le deuil tous
les gens de bien. Une Femme,
le plus parfait modèle des Princes dans l'art de régner, l'augufte Marie-Thérèfe (*) s'em-
preffe d'exprimer au Sacré-Col-
lège la jufte douleur qu'elle en
reffent, par ces paroles à jamais
mémorables. *Pourrions-nous affez regretter un Pape, qui dans*

La Reine de Hongrie.

l'espace de cinq années, a fait au-delà de tout ce qu'on eût pu attendre du plus long & du plus glorieux Pontificat ? Il n'y a pas jusqu'à la mort qui, (*) appercevant les dépouilles qu'elle a remportées sur ce Héros, le pleure à son tour, & brise dans son courroux, la faux meurtrière qui lui porta le coup fatal.

Dieu tout-puissant ! Nous nous humilions sous les redoutables coups de votre main. Néanmoins, qu'il nous soit permis de dire, qu'il faut que nous ayions grandement excité votre colère, puisqu'après nous avoir donné le plus grand des Pontifes, le plus magnanime des

____

(*) Cette allusion à la mort est poëtique.

Princes , vous nous l'enlevez ; aux plus beaux jours de son règne , dans un âge où son tempérament vigoureux, lui promettant les années de Pierre , le rendoit encore propre à mettre la dernière main à ses sublimes entreprises , & lui laissoit en même temps la liberté de les justifier aux yeux de tout le monde. Pouviez - vous nous punir par un endroit plus sensible ? L'humanité qui trouva en lui son soutien, son ami ; le Sacerdoce que son zèle , son activité , sa prudence firent passer du sein du trouble dans l'état de la plus parfaite tranquillité ; l'Empire qui le révéra comme le plus généreux défenseur de sa

puissance

puissance & de ses droits, cesseroient-ils dans aucun temps de pleurer cet Homme si solidement vertueux ?

Pour vous Peuple fier d'une Ville * aussi remplie de discernement & de lumières, qu'implacable ennemie de l'Eglise Romaine ; vous qui donnâtes les témoignages les plus éclatants de l'estime que vous eûtes toujours pour Ganganelli, en lui érigeant une statue à côté de celles des plus grands hommes, en conservant précieusement son portrait dans vos maisons publiques & particulières ! Eussiez-vous jamais pu croire que ceux de ses propres enfans, qui se ressentent le plus de sa bonté,

* Londres.

méconnoîtroient la piété filiale jusqu'à diffamer pendant sa vie & après sa mort, le Père le plus tendre, le bienfaiteur le plus magnifique ? Quelle énormité ! Quelle éternelle ignominie pour notre siècle ! Quelle honte pour l'humanité ! Pouvoit-elle porter l'ingratitude à un plus grand excès ?

Ah ! Si la vertu, suivant la belle pensée du sage Socrate, touche au plus haut point de sa perfection, quand elle est continuellement en butte à tous les traits de la haine & de l'envie, n'avons-nous donc pas sujet de croire, que celle de Clément est parvenue à un période où les hommes s'élèvent bien rarement

nonobſtant tous leurs efforts,
puiſqu'elle eſt livrée à la plus
fière averſion d'un parti que rien
ne ſauroit déſarmer ? Mais vive
Dieu, le protecteur de l'innocence ! Il viendra un jour, & ce
jour n'eſt pas bien éloigné, où
ſa main toute puiſſante fera
taire les paſſions & les préjugés,
confondra l'impoſture , & im-
primera dans tous les cœurs le
ſouvenir des mérites de Clément,
par les mains de la reconnoiſſance ; c'eſt ainſi que l'iniquité d'autrui ſert à relever le triomphe
des Héros.

Illuſtres Princes du monde
Catholique , vous qui fûtes ſi
vivement touchés de la mort
atroce de Clément , conſolez-

vous ! Vous avez perdu ici bas un véritable ami, un confident, un père, mais vous avez acquis un protecteur que l'Eternel a couronné dans le ciel. Bientôt l'Eglise lui décernera les honneurs du triomphe ; déjà de nombreux prodiges dépofent le plus folemnellement en faveur de ce facré Triomphateur du fein d'Abraham ; il vous adreffe ces touchantes paroles. « Mes
» chers fils , dans ce féjour de
» lumière & de félicité, je fuis
» encore fenfible à ce qui fe
» paffe parmi vous ; ne me re-
» fufez point à préfent, ce que
» j'avois lieu d'attendre de votre
» piété, l'orfque je vivois fur la
» terre ; employez toute votre

» puissance pour la cause de
» l'Eglise, soutenez-en la digni-
» té. Je ne craignis point autre-
» fois, à l'aide de mon zèle &
» de votre justice, de me dé-
» vouer aux plus grands dangers
» pour cette Epouse si chérie ; à
» mon exemple & à celui de vos
» religieux ancêtres , soyez ses
» plus généreux défenseurs dans
» ses combats, son asile dans les
» temps de son infortune ; que
» cet acte de magnanimité soit
» le plus bel ornement de vos
» couronnes ; qu'il fasse toute
» votre gloire ! »

O esprits supérieurs ! O Hommes vertueux ! Je confesse à la
face de toute la terre , qu'en
vous traçant l'éloge de Clément XIV, ma plume n'a été

guidée que par l'amour de la vérité, & de la justice. Doit-on appréhender d'être prodigue de son encens, quand on l'offre à un Héros qui sera toujours au-dessus de tous les éloges? Quelqu'éloquent que soit un Orateur, comment pourroit-il parler dignement d'un homme, qui n'eût pas, il est vrai, l'avantage fortuit d'une naissance bien brillante, mais que les vertus les plus mâles, un mérite transcendant, placèrent sur le trône le plus éminent de l'univers, élevèrent à la première dignité de l'Eglise. Ah ! si la mort d'un personnage d'une vertu ordinaire, est une vraie perte pour l'humanité entière qu'il honoroit; ne doit-elle pas regarder celle de Clément, le plus vertueux des Hommes, le plus célèbre des Papes, le plus magnanime des Princes, dans le regne rapide d'un seul lustre, comme la plus grande des calamités? Le monde qui lui est redevable de sa sûreté, de son repos, oseroit-il lui refuser ce petit tribut de sa reconnoissance? Puisse la dernière postérité lire un jour cet écrit! Puisse-t-il l'engager à rendre à Clément l'honneur que ses ennemis jurés s'efforcent de lui ravir! On a des droits incontestables aux hommages de tous les siècles, lorsqu'on n'a dû sa grandeur parmi les hommes, qu'à sa propre vertu. Tel fut Ganganelli; il fut grand Pape & grand Prince, mais par lui-même, mais par ſes talens perſonnels ; bien différent en cela des Sulli, des Richelieu, des Colbert, des Mazarin, qu'il eût ſans doute effacés, s'ils avoient vécu à Rome ſous ſon Pontificat ; & qui ne ſe firent un nom, que pour avoir partagé avec leurs Souverains, la gloire étonnante de leur règne mémorable. Comme Pape, Clément brûla toujours d'ardeur pour la félicité de l'Egliſe ; comme Prince, il brûla toujours d'ardeur pour la félicité de ſon Etat. Il ſacrifia toutes ſes aiſes à celui-ci ; il ſacrifia ſa vie à celle-là : voilà en peu de mots le précis de ſon éloge.

F I N.